Dictionary of 1000 Polish Proverbs

Edited by Miroslaw Lipinski

HIPPOCRENE BOOKS
New York

For information, address:
HIPPOCRENE BOOKS, INC.
171 Madison Avenue
New York, NY 10016

Cataloging-in Publication Data
Dictionary of 1000 Polish proverbs / edited by Miroslaw Lipinski
p. cm.
English and polish.
ISBN 0-7818-0482-5
1. Proverbs, Polish. 2. Proverbs, Polish—Translations into English. 3. Proverbs, English. I. Lipinski, Miroslaw.
PN6505.S4D52 1997
398.9'91851—dc21 97-20024
CIP

Printed in the United States of America.

Introduction

Proverbs and Their Meaning

Proverbs function as succinct sentences that communicate ideas, philosophy, life experience, custom and wisdom. Frequently they are encapsulated in pithy, witty, sometimes rhymed form for the purpose of staying in the memory with little effort but with much psychic reward. Like a national holiday or familiar historical figure, they provide necessary communal reference points for a people who share similar experiences, concerns and feelings. Since the experience of mankind is the same in many cases, many proverbs share a joint wisdom or temperament, whether they be said by an American, a Frenchman or a Pole. The specific verbal encasement may be different, but the idea behind the proverb remains the same. Likewise, the conduits of religion, history and literature transmute the same proverb, with the same exact wording, to many lands. Many a casual traveler may be surprised to find that what he or she had supposed to be a purely home-grown proverb is, in fact, in full traditional use in the country they are visiting.

There are limits, however, to this "human pool" concept of similar proverbs. Just as our own individual experiences are influenced by our surroundings, so, too, the proverbs of a nation are born out of the history, geography and socio-cultural layerings that inform and dictate its lifeblood. Bearing this in mind, we must concede that each country has an exclusive array of proverbs that find no easy equivalents in other lands. It seems obvious, after all, that the proverbs of an Eskimo will have to be, at least on occasion, quite different from those of a Zulu.

The Polish Proverb

Because Polish roots are deeply European, the Polish proverb finds many ready equivalents in all European nations. As one of the great Christian nations of the world, Poland developed a sincere and complete integration of the teachings and sayings of the Holy Bible since its embrace of Christianity in 966, and there are many Polish proverbs (Polish in the sense that they are commonly used in Poland) that are direct appropriations from this significant religious source. There have been other influences. Up until the mid-sixteenth century, Latin was the written language of Poland, and the great written works of the Greeks and Romans formed the basis of any decent education in Poland. It would be apparent, then, that the proverbs formulated by those ancient cultures would find easy access into the consciousness of the Polish people. Likewise, travelers and foreign books have added their accrued wisdoms to Polish culture. Even with these influences, many Polish proverbs were engendered from the history, landscape and weather of Poland. Poland's peasant and noble classes also contributed to the formation of the country's proverbs. Thus, some are so uniquely Polish that there are no equivalents to be found in the English language.

How to Use This Book

This book collects 1000 important and commonly used Polish proverbs. It does not claim to be exhaustive. (Indeed, the definitive reference work on the Polish proverb, the Julian Krzyżanowski-edited *Nowa księga przysłów i wyrażeń przysłowiowych polskich*, lists thousands upon thousands of Polish proverbs and their alternate forms in four bulging volumes.) Because the scope of the book is limited to proverbs that have a general or literal equivalent in English, certain Polish proverbs which have no such equivalent have been left out. Nevertheless, excluding a couple of out-of-print pamphlets and booklets, this is the first book of its type, with the most numerous and thorough selection of Polish proverbs yet assembled in the English language.

The entries are arranged in alphabetical order using the key Polish word in the proverb. Alternate words or phrases used in the same proverb are parenthesized. For the English entry, the near or exact equivalent appears below the Polish proverb in normal type. Sometimes more than one English equivalent is given. It is important to note that a general English equivalent, set in *italics*, can be one of two types: a proverb that is close to the Polish original yet veers away from it with a significant word or phrase, or one that could be used in a similar context or circumstance but which bears little, if any, literal similarity. Likewise, the line between a near and exact English equivalent can be blurry—a tense change here, plural vs. singular there.

It is hoped that both the student of Polish and the general reader will find this book valuable, the former as an aid in his or her study of the Polish language, the latter as a chance to peruse the wisdom and temperament of the Polish people.

Dictionary of 1000 Polish Proverbs

A

A 1 Kto A powiedział, ten musi i B powiedzieć.
Never say A without saying B.
Never start something you don't intend to finish.

Adam 2 Adam zjadł jabłko, a nam skomę uczynił.
Adam ate the apple, and our teeth still ache.

Apetyt 3 Apetyt—najlepsza zaprawa.
A good appetite is the best sauce.

4 Apetyt wzrasta w miarę jedzenia.
The appetite grows with what it feeds on.
The more one gets the more one wants.

B

Baba	5	Baba z wozu, koniom lżej. *Good riddance to bad rubbish.*
	6	Gdzie diabeł nie może, tam babę pośle. *Women are the snares of Satan.*
	7	Na dwoje babka wróżyła. *There's no telling how things will turn out.*
Beczka	8	Brzmi głośno próżna beczka. An empty barrel makes the most noise.
Bieda	9	Bieda biedę rodzi. Poverty begets poverty.
	10	Bieda nigdy sama jedna nie przychodzi. Misfortunes never come singly.
	11	Bieda rozumu nauczy. *Poverty is the begetter of wisdom.* *Need makes the old wife trot.*
	12	Gdzie bieda wchodzi drzwiami, miłość oknem wylatuje. When poverty comes in at the door, love flies out the window.
Biera	13	Kto wie, jak biera padnie. *No one knows what tomorrow will bring.*
Bity	14	Za jednego bitego dwóch nie bitych dają. *Once bitten, twice shy.*

Bliźni	15	Kochaj bliźniego swego jak siebie samego. Love your neighbor as yourself.
Błąd	16	Na czyich błędach człowiek uczy się rozumu. *Learn from the mistakes of others.* *From the errors of others a wise man corrects his own.*
	17	Póki ludzie, póty będą błędy. *To err is human.*
	18	Uznanie błędu jest pół poprawy. A fault confessed is half redressed.
	19	Z jednego błędu więcej urośnie. One error breeds more.
	20	Żaden nie jest bez jakiego błędu. *Every man has his faults.*
Błądzić	21	Nie uchodzi dwa razy błądzić. Don't make the same mistake twice.
Błoto	22	Gdzie błoto, tam złoto. *Where there's muck there's brass.*
Bogacz	23	Bogacz (skąpy) a świnia po śmierci zwierzyna. *A miser except when he dies, does nothing right.*
	24	Łatwiej wielbłądowi przejść przez ucho igielne, niż bogaczowi wejść do królestwa niebieskiego. It is easier for a camel to go through the eye of a needle than it is for a rich man to enter the kingdom of heaven.
Bogaty	25	Głupstwa bogatego uchodzą za mądrość. A rich man's foolish sayings pass for wise ones.
	26	Ten jest bogaty, który nic nie pragnie. He is rich enough that wants nothing.

Bojaźń 27 Gdzie przewodzi bojaźń, tan niewola.
All fear is bondage.

Bóg 28 Bóg dał, Bóg wziął.
God gives and God takes away.

29 Bóg nierychliwy ale sprawiedliwy.
God comes with leaden feet, but strikes with iron hands.
God's mill grinds slowly, but it grinds exceedingly fine.

30 Bóg pomaga tym, co sobie sami pomagają.
God helps those who help themselves.

31 Chłop strzela lecz Pan Bóg kule nosi.
Man proposes, God disposes.

32 Gdy Bóg dopuści to i z kija wypuści.
You never know your luck.

33 Kogo Bóg chce skarać, temu rozum odejmie.
Whom the gods would destroy they first make mad.

34 Ukochani przez bogów umierają młodo.
Whom the gods love die young.

35 W Pana Boga wierz, ale Panu Bogu nie wierz.
Pray to God but keep hammering away.
Trust in God, but keep your powder dry.

36 Wszystko w ręku Boga.
Everything is in God's hands.

Ból 37 Ból za czasem ustaje.
Time heals all wounds.

Brat 38 Gniew brata—gniew piekła.
The wrath of brothers is the wrath of devils.

Broda 39 Broda nie czyni mądrego.
If the beard were all, the goat might preach.
The beard does not make the doctor or the philosopher.

Brzuch

40 Brzuch słowami się nie nakarmi.
Words never fill a belly.

41 Brzuch tłusty, łeb ma pusty.
Full stomachs make empty heads.

42 Głodny brzuch uszów nie ma.
A hungry stomach has no ears.

Burza

43 Po burzy pogoda nastaje.
After the storm comes the calm.

But

44 Każdy najlepiej czuje, gdzie go but ciśnie.
Everyone knows best where his shoe pinches.

45 Kto na cudze buty czeka, musi długo boso chodzić.
He that waits for dead men's shoes may go a long time barefoot.

46 Stary but i stary przyjaciel są najmilsi.
Old shoes are easy, old friends are best.

Być

47 Co ma być, będzie.
What will be, will be.

C

Chcący	48	Dla chcącego, nic trudnego. *If the spirit is willing, the flesh is able.* *If there's a will, there's a way.*
Chciwość	49	Chciwość nie ma końca. *Covetousness is always filling a bottomless vessel.*
Chleb	50	Nie samym chlebem człowiek żyje. Man cannot live by bread alone.
Choroba	51	Każda choraba ma swoje lekarstwo. *There is a medicine for all things.*
Chorować	52	Lepiej chorować na ciele niż na duszy. It is worse to be sick in the soul than in body.
Chwalić	53	Niech cię chwalą cudze, a nie twoje usta. Let another man praise you, and not your own mouth.
Ciało	55	W małym ciele wielki duch. Little bodies have great souls.
	54	W zdrowym ciele zdrowy duch. A sound mind, a sound body.
Ciekawość	56	Ciekawość pierwszy stopień do piekła. *Curiosity killed the cat.*
Cielę	57	Zapomniał wół jak cielęciem buł. The cow has forgotten she was once a calf.

Cierń	58	Między cierniem kwitną róże. Under the thorn grow the roses.
	59	Z ostrego ciernia miękka róża. *The greatest rose possesses the sharpest thorn.*
Cierpliwość	60	Cierpliwość najlepsze lekarstwo. *Patience is the best remedy for every trouble.*
	61	Cierpliwość wszystko zwycięża. Patience conquers.
Cierpliwy	62	Cierpliwemu wszystko na czas przychodzi. Everything comes to him who waits.
Cnota	63	Cnota sama sobie nagrodą. Virtue is its own reward.
	64	Cnota się nie starzeje. Virtue never grows old.
	65	Dość bogaty, kto w cnotę nie ubogi. *There is no poverty where there is virtue.*
	66	Kogo cnota rządzi, nie zbłądzi. *Unless virtue guide us, our choice must be wrong.*
	67	Wszystko prócz cnoty skazie i śmierci podległo. *Virtue survives the grave.*
Cudze	68	Na cudzych polach lepsze zboże. *The other man's pasture always looks the greenest.*
Czas	69	Czas najlepszy doktor. *Time heals all wounds.* *Time is the best healer.*
	70	Czas nie stoi. Time never stands still. *Time marches on.*

71 Czas ojcem prawdy.
Time is the father of truth.

72 Czas płaci, czas traci.
Time feeds all things, time takes them away.

73 Czas prędko leci.
Time flies.

74 Czas to pieniądz.
Time is money.

75 Czas utracony nigdy się nie wróci.
Time lost cannot be recalled.

76 Czas wszystko trawi.
Time devours all things.

77 Każda rzecz ma swój czas.
There is a time for everything.

78 Za czasem wszystko się mieni.
Time changes everything.

Czekać

79 Kto czeka, doczeka się.
Everything comes to him who waits.

Człowiek

80 Człowiek bez człowieka być nie może.
Man can't live in this world alone.

81 Człowiek człowiekowi wilkiem.
Man is a wolf to man.

Czynić

82 Czyń coś powinien, niech się stanie, co chce.
Do what you ought, come what may.

83 Czyńcie innym, jak chcecie, żeby wam czyniono.
Do unto others as you would have them do unto you.

84 Nie czyń drugiemu, co tobie niemiło.
What you do not like done to yourself—do not do to others.

D

Daleko	85	Im dalej, tym gorzej. Go farther and fare worse.
Darmo	86	Darmo nic. Nothing is free.
	87	Za darmo, boli gardło. *Nothing is free.*
Deszcz	88	Mały deszczyk uśmierza wielkie wiatry. A little rain stills a great wind.
	89	Po deszczu słońce. After rain comes sunshine.
	90	Ranny deszcz i starej baby taniec niedługo trwają. A morning's rain is like an old woman's dance: it doesn't last long.
Diabeł	91	Diabeł (czart) nie śpi. The devil never sleeps.
	92	Nie budź diabła, kiedy śpi. *Let sleeping dogs lie.*
	93	Nie taki diabeł straszny, jak go malują. The devil is not so black as he is painted.
Dług	94	Dług nie ma nóg. *Debt is a rope to your feet.*

	95	Kto dług płaci, ten się bogaci. He who pays his debts enriches himself.
	96	Łatwo długi robić ale trudno je płacić. *You can run into debt, but you have to crawl out.*
	97	Przez długi wielu idzie w sługi. *The borrower is servant to the lender.*
Dłużnik	98	Od złego dłużnika dobre i plewy. *Of ill debtors, men take oats.*
Dobre	99	Wszystko dobre co się dobrzw kończy. All's well that ends well.
Dobrod-ziejstwo	100	Dobrodziejstwem dobrodziejstwo oddać. Repay kindness with kindness.
	101	Dobrodziejstwo nigdy nie stracone. Kindness is never lost.
Dobrze	102	Wszędzie dobrze, gdzie nas nie ma. *The grass is always greener on the other side.*
Dogodzić	103	Jeszcze się ten nie urodził, co by wszystkim dogodził. The man has not yet been born who can please everyone. *You can't please everyone.*
Dola	104	Doli swej koniem nie objedziesz. *You cannot escape your fate.*
Dolegać	105	Nikt nie wie, co komu dolega. *Everyone has his troubles.*
Dom	106	Wolność Tomku w swoim domku. *A man's house is his castle.*
	107	Wszędzie dobrze, lecz najlepiej w domu. *There's no place like home.*
Doświad-czenie	108	Doświadczenie głupich nauczyciel. Experience is the teacher of fools.

	109	Doświadczenie matką mądrości. Experience is the mother of wisdom.
Dół	110	Dołem lepiej. Quietness is best. *Lowliness is the base of every virtue.*
	111	Kto pod kim dołki kopie, sam w nie wpada. He who digs a pit for others falls into it himself.
Droga	112	Wszystkie drogi do Rzymu prowadzą. All roads lead to Rome.
Drogi	113	Co drogo, to błogo. The greater the cost, the greater the pleasure.
Drwa	114	Gdzie drwa rąbią, tam wióry lecą. *You cannot make an omelette without breaking eggs.*
Drzewo	115	Dobre drzewo dobre rodzi owoce, a złe dzewo złe. *A good tree cannot bring forth evil fruit, neither can a corrupt tree bring forth good fruit.*
	116	Drzewo z owocu bywa poznane. The tree is known by its fruit.
	117	Gdy się drzewo obali, każdy wióry zbiera. *When a tree is fallen, all go with their hatchet.*
	118	Gdzie drzewo padnie, tam też leżeć będzie. As a tree falls, so shall it lie.
	119	Kto stare drzewo przesadza, nie nada bez obrazy korzenia. *Remove an old tree, and it will wither to death.*
	120	Od razu drzewa nie zrąbiesz. The tree falls not at the first blow.

121 W najwyższe drzewa pioruny biją.
The highest and most lofty trees have the most reason to dread the thunder.

Duch 122 Duch wprawdzie ochoczy, ale ciało mdłe.
The spirit indeed is willing, but the flesh is weak.

Duch Święty 123 Do Świętego Ducha nie zdejmuj kożucha.
Cast no clout till May be out.

Dupa 124 Dupa swój wiecheć zawsze znajdzie.
Like will to like.

Duży 125 Kto duższy, ten lepszy.
Might is right.

Dwa 126 Co dwóch, to nie jeden.
Two heads are better than one.
That which two will, takes effect.

127 Dwa razy daje, kto prędko daje.
He gives twice who gives quickly.

128 Dwiema lepiej z sobą niż jednemu.
Two are better than one.

129 Gdzie jest dwóch, to tam jeden zanadto.
Two sparrows on one ear of corn make an ill agreement.
Two suns cannot shine in one sphere.

130 Gdzie są dwa, tam trzeciego nie trzeba.
Two's company, three's a crowd.

131 Gdzie się dwóch bije, tam trzeci korzysta.
Two dogs strive for a bone, and a third runs away with it.

Dym 132 Nie ma dymu bez ognia.
There's no smoke without fire.

Dzban 133 Do czasu dzban wodę nosi.
Everything has its day.

134 Póty dzban wodę nosi póki się ucho nie urwie.
The pitcher goes so often to the well that at last it breaks.

Dziecko 135 Bez kary dziecko się nie wychowa.
Spare the rod and spoil the child.

136 Późne dzieci są wczesnymi sierotami.
Late children, early orphans.

Dziedzic 137 Dziedzicowi płaczącemu śmierci dobrodzieja bogatego nie wierz.
The tears of an heir are laughter behind a mask.

Dzieło 138 Im trudniejsze dzieło, tym większa sława.
The greater the difficulty, the greater the glory.

Dzień 139 Co rok nie da, jeden dzień wynagrodzi.
One day may bring what all the year can not.

140 Dzień dniowi ustępuje.
Day is pushed out by day.

141 Leci dzień za dniem, a śmierć się przybliża.
Every day marches toward death.

142 Po złym dniu zła noc.
A bad day never had a good night.

143 Wczorajszy dzisiejszemu dzień mistrzem.
Today is the pupil of yesterday.

Dziś 144 Co dziś opuścisz, jutro nie dogonisz.
Never put off till tomorrow what you can do today.

145 Co masz dziś uczynić, nie odkładaj na jutro.
Don't put off tomorrow what you can do today.

146 Dziś człowiek żyje, a jutro gnije.
Here today, gone tomorrow.

147 Dziś jest nasze, jutro kto wie, czyje.
My care is today; who knows the morrow?

148 Dziś mnie, jutro tobie.
I today, you tomorrow.

149 Lepsze dziś jajko niż jutro kokosz.
An egg today is better than a hen tomorrow.

150 Lepsze jedno dziś niż dwoje jutro.
One today is worth two tomorrows.

151 Nie dziś, to jutro.
What is not today will be tomorrow.

Dzwon

152 Dlatego dzwon głośny, że wewnątrz próżny.
Empty vessels make the greatest sound.

153 Dzwon do kościoła ludzi zwoływa, a sam w kościele nigdy nie bywa.
Bells call others, but themselves enter not into the church.

F

Filozof 154 Nie każdy filozof, co z łysa głową.
Having a beard does not make a philosopher.

Fortuna 155 Fortuna, co jedną ręką daje, to drugą wydziera.
Fortune is a giver and a`taker.

156 Fortuna często rozumowi sprzeczy.
Seldom are men blessed with good fortune and good sense at the same time.

157 Fortuna jest matką głupich.
Fortune favours fools.

158 Fortuna kołem się toczy.
Fortune's wheel is ever turning.

159 Fortuna nie wszystkim jedna.
The bad fortune of some people is good fortune to others.

160 Fortuna statkować nie umie.
Fortune is fickle.

161 Fortuna ślepa.
Fortune is blind.

162 Fortuna zmienną jest.
Fortune is changeable.

163 Fortunie wierzać nie trzeba.
If fortune smiles, beware of being exalted.
When fortune flatters, she comes to betray.

164 Nie człowiek rządzi fortuną, lecz fortuna człowiekiem.
Man proposes, fortune disposes.

165 Większa fortuna, większy cel nieszczęścia: jeśli nie w tym, to w inszym zasmuci.
Great fortune brings with it great misfortune.

166 Zła fortuna to ma przynajmniej dobrego, że rozumu nauczy, a przyjaciela pokaże.
In losing fortune, many a lucky self has found himself.

Frant 167 Z frantem po frantowsku, inaczej się sparzysz.
Be a rascal among rascals.

Frasować się 168 Przed czasem się frasować szkoda (głupstwo).
Don't worry over what has not yet arrived.

Frasunek 169 Frasunki siwiznę przed czasem przynoszą.
Worry makes one grey before one's time.

170 Na frasunek dobry trunek.
Drink is a good remedy for worries.
Drink and be merry.

G

Gadać	171	Gadać łatwo, ale robić trudno. *Talk is cheap.*
	172	Kto dużo gada, mało prawdy powie. *Talk much and err much.*
Ganić	173	Łatwiej co ganić, niż zrobić. It is easier to criticize than to imitate. *It is easier to pull down than build.*
Garnek	174	Jaki garnek, taka i pokrywka. Like pot, like potlid.
	175	Nie święci garnki lepią. *Things don't get done by themselves.*
Gdyby	176	Gdyby ciocia miała wąsy, byłaby wujaszkiem. If my aunt had been a man, she'd have been my uncle.
Ginąć	177	Co zginęło, zginęło. What's lost is lost.
Głodny	178	Głodnego bajkami nie nakarmisz. *Fair words fill not the belly.*
	179	Głodnemu chleb na myśli. *The tongue ever turns to the aching tooth.*
	180	Głodny gniewliwy. A hungry man is an angry man.

	181	Głodny nie przebiera, wszystko mu smaczno. *Hunger finds no fault with the cookery.*
Głos	182	Głos ludu, głos Boga. The voice of the people is the voice of God.
Głowa	183	Co głowa, to rozum. *Many men many minds.*
	184	Głową muru nie przebijesz. *What cannot be cured must be endured.* *No use hitting your head against the wall.*
	185	Mądrej głowie dość dwie słowie. *A word is enough to the wise.*
	186	Od przybytku głowa nie boli. *There's never too much of a good thing.*
Głód	187	Głód najlepsza przyprawa (najlepszy kucharz). Hunger is the best sauce.
	188	Głód wszystkiego nauczy. Hunger teaches many things.
Głupi	189	Co jeden głupi zepsuje, tysiąc mądrych nie naprawi. *One fool may make a disturbance which forty wise men may not be able to quiet.*
	190	Głupi baje, mądry milczy. Wise men silent, fools talk.
	191	Głupi daje, mądry bierze. *Fools make feasts and wise men eat them.*
	192	Głupi, kiedy milczy, za mądrego ujdzie. *Fools are wise as long as silent.*
	193	Głupi wszystko kupi. *A fool and his money are soon parted.*
	194	Głupi z trafunku czasem dobrze powie. A fool's bolt may sometimes hit the mark.

195 Głupi zawsze głupim będzie.
Fools will be fools still.

196 Głupim szczęście sprzyja.
Fortune favors fools.

197 Jeden głupiec więcej może żądać pytań, niżli dziesięciu mędrców dać mogą odpowiedzi.
A fool may ask more than seven wise men can answer.

198 Najgłupszy to, co się mądrym czyni.
He who thinks himself wise is a great fool.

199 Nie trzeba głupich siać, sami się rodzą.
Fools grow without watering.

200 Poznać głupiego po śmiechu jego.
The fool is known by his laughter.

Gniew

201 Gniew jest krótkie szaleństwo.
Anger is a short madness.

202 Gniew zaślepia.
Anger is a blind thing.

203 Próżny gniew bez siły.
Vain is anger without strength.

Godzina

204 Co spóźni godzina, lata nie zagoją.
Time lost cannot be recalled.

205 Godziny ranne przynoszą mannę.
The morning has gold in its mouth.

206 Godziny się nie wracają, jako woda upływają.
Time's waters will not ebb nor stay.

207 Jedna to godzina sprawi, co się przez długi czas opuściło.
It happens in an hour that comes not in an age.

Golić	208	Nie psuj sobie czasu, pókić szydła golą. *Make hay while the sun shines.* *Don't let slip the opportunity which the gods provide.*
Gołąb	209	Pieczone gołąbki nie lecą same do gąbki. *If you won't work you shan't eat.* *No sweet without sweat.*
Gościniec	210	Dla ścieżki gościńca nie opuszczaj. *Be careful that you stick to the road.* *Follow the straight road.*
Gość	211	Gość i ryba po trzech dniach cuchnie. Guests and fish stink after three days.
	212	Gość na bankiet nie proszony nie bardzo bywa uczczony. *The unbidden guest has nowhere to sit.*
	213	Gość w dom, Bóg w dom. A guest in the house is God in the house.
Góra	214	Góra z górą się nie zejdzie, ale człowiek z człowiekiem zejść się może. Men meet, mountains never.
	215	Kto wie, co siedzi za górą. No one knows what lies on the other side of the mountain.
	216	Łatwiej z góry spaść, niżli wleźć do niej. *It's easier to descend than to ascend.* *Easier it is to fall, than rise.*
	217	Nie masz góry bez doliny. No hill without its valley.
	218	W najwyższe góry bije piorun z chmury. 'Tis the tops of mountains that the lightning strikes.

Gra 219 Z graczki przyjdą płaczki.
By gaming we lose both our time and treasure.

Grabić 220 Trzeba grabić, póki schnie.
Strike while the iron is hot.

Grać 221 Nie graj, nie przegrasz.
If you don't want to lose, don't play.

Granica 222 Wszystko ma swoje granice.
Everything has its limits.

Grobla 223 Podług stawu grobla.
One must cut one's coat according to one's cloth.

Grosz 224 Grosz do grosza, będzie pół trzosa.
Penny and penny laid up will be many.

225 Grosz oszczędzony przerabia się w miliony.
A penny saved is a penny earned.
Thrift is a great revenue.

226 Lepszy grosz zarobiony niż dwa darowane.
A penny earned honestly is better than a shilling given.

Grzech 227 Dwakroć grzeszy, kto się grzechu nie wstydzi.
He doubles his sin who is not ashamed of it.

228 Grzech jest sam sobie karą.
The greatest punishment of wrong-doing is the having done it.

229 Jeden grzech drugi za sobą ciągnie.
One sin leads to another.

230 Niewiadomość grzechu nie czyni.
He does not sin who sins without intent.

Grzeczność 231 Gdzie wiele grzeczności, tam mało szczerości.
Full of courtesy, full of craft.

	232	Grzeczność nic nie kosztuje. Politeness costs nothing.
	233	Grzeczność warta grzeczności. Reward kindness with kindness.
	234	Na grzeczności nikt nie traci. One never loses anything by politeness.
Gust	235	Każdy ma swój gust. Everyone to his taste.
	236	Różne są gusta na świecie. Various are the tastes of men.
Gwałt	237	Gwałt niech się gwałtem odciska. *Fight fire with fire.*
Gwiazda	238	Gwiazdy gasną przy słońcu. *Stars are not seen by sunshine.*
Gwóźdź	239	Dla gwoździa ginie podkowa. For want of a nail the shoe is lost.

H

Herkules	240	Dwiema i sam Herkules nie zdoła. Not even Hercules could contend against two.
Historia	241	Historia się powtarza. History repeats itself.
Homer	242	I Homer zasypiał. Sometimes even Homer nods.
Honor	243	Co po honorze, kiedy pustki w komorze. *Honor buys no beef in the market.*
Hop	244	Nie mów hop dopóki nie przeskoczysz. *Don't count your chickens before they are hatched.*

I

Imię	245	Lepsze imię dobre niźli bogactwa hojne. A good name is better than riches.
Interes	246	Każdym własny interes rządzi. Self-interest is the motive of everything.
Iskra	247	Mała iskierka wielki pożar wznieci. From a little spark comes a great fire.
	248	Najlepiej ogień zgasić, dopóki w iskrze. *It's best to put out the fire before it starts.*

J

Jabłko	249	Nie każde takie jabłko wewnątrz jak zewnątrz. *You can't judge a book by its cover.*
	250	Niedaleko jabłko pada od jabłoni. The apple doesn't fall far from the tree.
Jaskółka	251	Jedna jaskółka ne czyni wiosny. One swallow does not make spring.
Jedność	252	Jedność to siła. In unity there is strength.
Jedzenie	253	Po jedzeniu stać albo chodzić potrzeba. After dinner stand or walk a mile.
Jeść	254	Czego się nie najesz, tego się nie naliżesz. *Eat your fill and pouch none.*
	255	Jedzmy i pijmy, bo jutro pomrzemy. Let us eat and drink, for tomorrow we die.
	256	Kto je i pije, ten dobrze żyje. *There is nothing better for a man, than that he should eat and drink.*
	257	Nie na to człowiek żyje, aby jadł, ale na to je, aby żył. One should eat to live, and not live to eat.

Język

258 Bardziej boli od języka jak od miecza.
A stab with the tongue is worse than a stab with a lance.
The tongue is sharper than the sword's edge.

259 Jest to cnota nad cnotami trzymać język za zębami.
Thc greatest virtue is to hold one's tongue.

260 Jezyk—broń niepoślednia.
A good tongue is a good weapon.

261 Język, kiedy błldzi, prawdę mówi.
In many words, the truth goes by.

262 Koniec języka za przewodnika.
The tongue is the rudder of our ship.

263 Pilnuj swego języka.
Keep watch upon thy tongue.

Jutro

264 Nikt nie jest pewny jutra.
No one knows what the future has in store for him.

265 O jutrze nie myśl.
Take no thought for the morrow.

K

Kamień	266	Toczący się kamień nie zabiera mchu. A rolling stone gathers no moss.
Kara	267	Choćby karanie na nogi chromało, przecież złego dogoni. *Punishment is lame, but it comes.*
Każdy	268	Każdy sobie rzepkę skrobie. *Every man for himself.*
Kłamać	269	Kto raz skłamie, temu już nigdy nie wierzą. He who lies once is never believed again.
Kłamca	270	Kłamca powinien mieć dobrą pamięć. A liar should have a good memory.
	271	Kłamcy nie wierzą, choć prawdę gada. No one believes a liar even when he tells the truth.
	272	Pokaż mi kłamcę, a ja ci zaraz ukażę złodzieja. Show me a liar and I'll show you a thief.
Kłamstwo	273	Jedno kłamstwo pociąga za sobą inne. *One lie makes many.* *One lie leads to another.*
	274	Kłamstwem świat przejdziesz, ale nazad nie wrócisz. A liar can go round the world but cannot come back. *You can get far with a lie, but not come back.*

Kobieta 275 Kobieta ma tyle lat ile wygląda, mężczyzna—na ile się czuje.
A man is as old as he feels, and a woman as old as she looks.

276 U kobiety włos długi, a rozum krótki.
Women have long hair and short brains.

277 Z kobietami wielka bieda, lecz bez kobiet żyć się nie da.
Women! You can't live with them and you can't live without them.

Kocioł 278 Kocieł garnkowi przygania, a oba smolą.
The pot calls the kettle black.

Kokosz 279 I czarna kokosz białe jajca niesie.
A black hen will lay a white egg.

Koniec 280 Koniec wieńczy dzieło.
The end crowns the work.

281 Końca patrz.
Look to the end.

282 Wszystko ma swój koniec.
Everything has an end.

Koń 283 Darowanemu koniowi nie patrz w zęby.
Don't look a gift horse in the mouth.

284 Koń ma cztery nogi, a potknie się.
A horse may stumble on four feet.

285 Koń ma wielki łeb, niech się martwi.
Let someone else worry about it.

Korona 286 Żadna korona bez krzyża nie jest.
No cross, no crown.

Koszula 287 Bliższa koszula ciała niż suknia (kaftan i in.).
The shirt is nearer than the coat.

Kościół 288 Gdzie Pan Bóg kościół buduje, tam diabeł kaplicę stawia.
Where God has his church, the devil will have his chapel.

Kot 289 Im kot starszy, tym ogon twardszy.
The older the cat, the harder the tail.

290 Kot śpiący myszy nie wychwyta.
Sleeping cats catch no mice.

Koza 291 Raz kozie śmierć.
What will be will be.
A man can die but once.

292 Żeby kózka nie skakała, toby nóżki nie złamała.
If the goat would not jump around, she wouldn't break her leg.

Kraj 293 Co kraj, to obyczaj.
Every country has its own customs.

Krakow 294 Civitas Cracovia: kup sobie jako i ja.
Nothing is free.

295 Nie od razu Kraków zbudowano.
Rome wasn't built in a day.

Krok 296 Najciężej pierwszy krok zrobić.
The first step is the hardest.

Kropla 297 Kropla częsta kamień zdziurawi.
A steady drop makes a hole in the rock.

298 Kropla do kropli, a będzie morze.
Many drops of water make an ocean.

Krowa 299 Krowa, która dużo ryczy, mało mleka daje.
The cow that moos the most gives the least milk.

Król 300 Jaki król, tacy poddani.
Like king, like people.

	301	Królowie długie ręce mają. Kings have long arms.
Kruk	302	Kruk krukowi oka nie wykole. Ravens don't peck one another's eyes out.
	303	Nie pomoże krukowi kąpiel (mydło). *A crow is no whiter for being washed.*
	304	Złe kruki, złe jaja. *Bad bird, bad eggs.*
Krzak	305	Lepi za jakim takim krzakiem niżli w scyrnym polu. A bad bush is better than the open field.
Krzyż	306	Każdemu jego krzyż najcięższym się zdaje. To everyone his own cross is heaviest.
	307	Każdy swój krzyż dźwiga. Everyone has their own cross to bear.
Kucharka	308	Gdzie kucharek sześć, tam nie ma co jeść. *Too many cooks spoil the broth.*
Kula	309	Nie każda kula trafia. Not every shot reaches its mark.
Kupić	310	Kto kupuje rzeczy niepotrzebne, będzie sprzedawał najpotrzebniejsze. Buy what you have no need of and before long you shall sell your necessaries.
Kura	311	Daj kurze grzędę, ona: wyżej siędę! *Give him an inch and he'll take a mile.*
Kwapić się	312	Kto kwapi, nic nie ułapi. *Haste makes waste.*
Kwiat	313	Jeden kwiat to jeszcze nie wieniec. One flower makes no garland.

L

Las	314	Im dalej w las, tym więcej drzew. *The more your learn, the less you know.*
Lato	315	Lato zrobi, zima zje. Winter eats what summer gets.
	316	Nie zawsze będzie lato. *The morning sun never lasts a day.*
Lecieć	317	Kto wysoko lata, ten zazwyczaj nisko upada. *The higher they fly, the harder they fall.*
Lekarz	318	Błędy lekarza pokrywa ziemia. A doctor's errors are covered by the earth.
	319	Lekarz leczy, Bóg uzdrawia. *A doctor eases your pain; God cures it.*
	320	Lekarzu, ulecz samego siebie. Physician, heal thyself.
Lekko	321	Letko przyszło, letko podzie. Easy come, easy go.
Lewica	322	Niech nie wie lewica, co daje prawica. Never let your left hand know what your right hand is doing.
Lis	323	Liszki tylko sierść odmieniają, nie obyczaje. The fox changes his skin but not his habits.
	324	Po śmierci lisa kury nie płaczą. When the fox dies, fowls do not mourn.

325 Starego lisa trudno ułowić.
Old foxes are not easily caught.

326 Śpiący lis kur nie złapie.
The sleeping fox catches no chickens.

List 327 List się nie wstydzi.
Letters blush not.

Los 328 Nikt nie zgadnie, jak mu los padnie.
No one knows what the fates will bring.

Ł

Łacno	329	Co przydzie łacno, nie bywa smaczno. *We don't value what's easily gotten.*
Łagodnosc	330	Łagodnością więcej sprawisz niż surowością. Kindness effects more than severity.
Łgać	331	Kto łże, ten i kradnie. He that will lie, will steal.
Łódź	332	Mała łódź musi się trzymać brzegu. Little boats should stay close to shore.
Łzy	333	Łzy kobiety są najmocniejszym szturmem na mężczyznę. A woman's tears are her strongest weapons.

M

Mahomet 334 Nie przyszła góra do Mahometa, Mahomet przyszedł do góry.
If the mountain will not come to Mohammed, Mohammed must go to the mountain.

Małżeństwo 335 Małżeństwa kojarzą się w niebie.
Marriages are made in heaven.

336 W małżeństwie raj i piekło.
Marriage is both heaven and hell.

Marność 337 Wszystko na świecie marność.
All is vanity.

Matka 338 Jaka mać, taka nać.
Like mother, like daughter.

Miara 339 Jaką miarką ty mierzysz, taka ci odmierza.
As you judge, so shall you be judged.

Miecz 340 Do ręki szalonemu nie dawajcie miecza.
Don't put a sword into a madman's hands.

341 Kto mieczem wojuje, od miecza ginie.
He who lives by the sword shall die by the sword.

Milczenie 342 Mowa srebro, milczenie złoto.
Speech is silver, silence is golden.

Miłość 343 Gorąca miłość, sanna droga, krogulcze pole niedługo trwają.
Hot love is soon cold.

344 Kto nieszczęśliwy w karty, szczęśliwy w miłości.
Unlucky in love, lucky in cards.

345 Miłość i panowanie nie chcą kompanii (towarzystwa).
Love and lordship like no fellowship.

346 Miłlość jest ślepa.
Love is blind.

347 Miłość lwom srogość odejmuje.
Love makes all hard hearts gentle.

348 Miłość z bojaźnią nie stoi, nie miłuje kto się boi.
Faint heart never won fair lady.

349 Miłość zdrowy rozsądek odejmuje.
One cannot love and be wise.

350 Nie ma miłości bez zazdrości.
Love is never without jealousy.

Miotła 351 Nowa miotła dobrze zamiata.
A new broom sweeps clean.

Miód 352 Nie ma miodu bez żółci (jadu).
No honey without gall.

Młodość 353 Kto pracuje z młodu, nie dozna na starość głodu.
Diligent youth makes easy age.

354 Młodość musi się wyszumieć.
Youth will have its course.

Modlić się 355 Modli się pod figurą, a ma diabła za skórą.
He has beads about his neck and the devil in his heart.

356 Módl się i pracuj.
Pray and work.

Mowa	357	Mowa się mówi, a chleb się je. *Talk is cheap.*
Mól	358	Każdy ma swojego mola, co go gryzie. *We all have our worries.*
Mucha	359	Dobra i mucha, jak wpadnie do brzucha. *Something is better than nothing.*
Mysz	360	Myszy tańcują, gdy kota nie czują. *What the cat is away, the mice will play.*

N

Nagle 361 Co nagle, to po diable.
Haste makes waste.

Natura 362 Trudno naturę odmienić.
Nature will out.

Nauczyciel 363 Jaki nauczyciel, taki uczeń.
A good master, a good scholar.
An ill master, an ill scholar.

Nawarzyć 364 Jak sobie nawarzy, tak zjeść musi.
As he brews, so shall he drink.

Nic 365 Lepszy rydz niż nic.
Half a loaf is better than nothing.

366 Z niczego nic nie będzie.
Nothing comes of nothing.
You can't get something out of nothing.

Nić 367 Po nitce do kłębka.
Follow the thread to the ball.

Nieboga 368 Nie ma złej drogi do swej niebogi.
The way is never long to one's beloved.

Nieprzyjaciel 369 Co na placu, to nieprzyjaciel.
All's fish that comes to the net.
Finding's keeping.

370 Nieprzyjacielowi nigdy nie wierz.
Never trust your enemy.

371 Uciekającemu nieprzyjacielowi trzeba złoty most budować.
For a flying enemy make a golden bridge.

Nieszczęście 372 Nieszczęście nigdy samo nie chodzi.
Misfortunes never come singly.
When it rains, it pours.

Nos 373 Nic wsadzaj nosa do cudzego prosa.
Don't stick your nose in other people's affairs.
Mind your own business.

374 Nie wtykaj nosa, gdzieś nie dał grosza.
Don't sick your nose in other people's affairs.
Mind your own business.

Nowe 375 Nic nowego na świecie.
There's nothing new under the sun.

O

Objechać	376	Lepiej objechać, niż ulgnąć. *Better be safe than sorry.*
Odmiana	377	Odmiana słodzi rzeczy. *Variety is the spice of life.* *Change in everything is sweet.*
Ogień	378	Nie igraj z ogniem. Don't play with fire.
Ojciec	379	Jaki ojciec, taki syn. Like father, like son.
	380	Jeden ojciec dziesięciu synów wychowa, a dziesięciu synów jednego ojca nie mogą. One father is enough to govern one hundred sons, but not a hundred sons one father.
Oko	381	Co oko widzi, to worek płaci. *That which catches the eye also catches the penny.*
	382	Co z oczu, to z serca. *Out of sight, out of mind.*
	383	Jeżeli cię gorszy oko, wyłup je. If thine eye offend thee, pluck it out.
	384	Lepsze jedno oko swoje niżeli cudze oboje. *We see least with borrowed eyes.*

	385	Oczy są zwierciadłem duszy. The eyes are the mirror of the soul.
	386	Oczy więcej widzą niźli oko. Two eyes are better than one.
	387	Oko do serca okno. The eyes are the windows of the soul.
	388	Oko sąsiedzkie złe, zazdrościwe. Hateful and searching is the eye of a neighbor.
	389	Oko za oko, ząb za ząb. An eye for an eye, a tooth for a tooth.
	390	Pańskie oko końia tuczy. The master's eye makes the horse fat.
	391	Pewniejsze oko niż ucho. It is better to trust the eye than the ear.
	392	W cudzym oku źdźbło, a w swoim belki nie widzi. *The eye that sees all things sees not itself.*
	393	Złe oko wszędzie złe widzi. Bad eyes never see any good.
Okręt	394	Z tonącego okrętu pierwsze uciekają szczury. Rats always leave a sinking ship.
Oliwa	395	Oliwa nie brata się z wodą. Oil and water don't mix.
	396	Oliwa zawsze na wierzch wyjdzie. Oil always rises to the top.
Orać	397	Każdy orze, jako może. *One does what one can.*
	398	Kto dobrze orze, ma chleb w komorze. *Plow deep and you will have plenty of corn.*

Orzech	399	Kto che orzech zjeść, niech zgryzie łupinę. *He who wishes to get the kernel out of the nut, cracks the nut.*
Orzeł	400	Nie dba orzeł o muchy. Eagles don't catch flies.
	401	Orły latają same, a owce chodzą trzodą. Eagles fly alone, but sheep flock together.
	402	Tam się orłowie zlatują, gdzie ścierw czują. Where the carrion is, there the eagles gather.
Oszczędność	403	Oszczędność wielki dochód. Thrift is great revenue.
Oszczędzać	404	Oszczędzał—umarł, nie oszczędzał—też umarł. *You can't take it with you when you die. Shrouds have no pockets.*
Oszukać	405	Kto drugich chce oszukać, bywa często najbardziej oszukany. He who cheats another cheats himself most.
Owca	406	Jedna owca parszywa całe stado zarazi. One scabbed sheep will mar a flock. *One bad apple spoils the lot.*
Owoc	407	Zakazany owoc najlepiej smakuje. Forbidden fruit is the sweetest.

P

Pachnąć	408	Najlepiej pachnie, kto niczym nie pachnie. *They that smell least smell best.*
Pacierz	409	Jeden pacierz przed wojną, dwa płynąc na morze, a kiedy masz się żenić, odmów aż trzy, nieboże. When going to sea, pray once; when going to war, pray twice; when going to be married, pray thrice.
Padać	410	Co z woza spadło, to przepadło. *What's past is past.* *Things past cannot be recalled.*
Palec	411	Daj mu palec, on za rękę chwyta. Give him a finger and he will take a hand. *Give him an inch and he will take a mile.*
	412	Nie kładź palca między drzwi. *Keep your nose to yourself.*
Pan	413	Jaki pan, taki sługa. Like master, like man.
	414	Najgorszy z chłopa pan. Servants make the worst masters.
	415	Trudno dwom panom służyć. No man can serve two masters.
Papier	416	Papier jest cierpliwy. Paper is patient.

Parobek	417	Jaki parobek, taki zarobek. *A workman is worthy of his hire.*
Parzyć	418	Co cię nie parzy, na to nie dmuchaj. *Leave well enough alone.*
	419	Kto się na gorącym sparzy, ten na zimne dmucha. *Once bitten, twice shy.*
Pasterz	420	Dobry pasterz tylko strzyże owce. *The good shepherd should shear his flock, not flay it.*
Patrzeć	421	Kto zbyt wysoko patrzy, ten nisko spada. Look high and fall low.
Perła	422	Nie rzucaj świniom pereł. Don't cast your pearls before swine.
Piątek	423	Co w piątki, to i w świątki. *Nothing changes.* *Same old thing.*
Pieczeń	424	Przy jednym ogniu dwie pieczenie upiec. *Kill two birds with one stone.*
Piekło	425	Jak się kto przyłoży, to mu i w piekle niezgorzej. *'Tis nothing when you are used to it.*
	426	Szerokie wrota do piekła. *Wide is the gate, and broad is the way that leadth to destruction.*
	427	Wolno do piekła, byś chciał o północy. *The gates of hell are open night and day.*
Pieniądz	428	Gdzie pieniądze mówią, tam wszystko milczy. *Money talks.*
	429	Pieniądz robi pieniądz. Money makes money.

430 Pieniądz rządzi światem.
Money rules the world.

431 Pieniądze okrągłe są, toczą się.
Money is round and rolls away.

432 Pieniądze wszystko mogą.
Money will do anything.

Pieprz 433 Kto pieprzu wiele ma, i w jarzyny sypie.
He that has the spice may season as he pleases.

Pierwszy 434 Kto pierwszy do wierszy, to ryby jego.
First come, first served.

Pies 435 Kto ze psy lega, ten z pchłami wstaje.
He who lies down with dogs will get up with fleas.

436 Łatwo kij znajdzie, kto chce psa uderzyć.
He who has a mind to beat a dog will easily find a stick.

437 Nie drażnij psa, bo cię ukąsi.
Let a sleeping dog lie.

438 Pies, któren wiele szczeka, nie kąsa.
A barking dog never bites.

439 Pies psa nie zje.
Dog doesn't eat dog.

440 Pies szczeka, a dworzanin jedzie (słońce świeci).
The dogs may bark; the caravan goes on.

441 Psie głosy nie idą pod niebiosy.
The prayers of the wicked won't prevail.

Pieśń 442 Na czyim wózku siedzisz, tego piosnkę śpiewaj.
When in Rome, do as the Romans do.

Piękność	443	Piękności się człowiek nie naje. *A thing of beauty is a joy forever.*
	444	Piękność bez cnoty, to ciało bez duszy. *Beauty without virtue is a rose without fragrance.*
	445	Piękność prędko okwita. *Beauty is a fading flower.*
	446	Piękność zwierzchnia omylna. *Beauty is only skin-deep.*
Pijaństwo	447	Pijaństwo jest dobrowolne szaleństwo. Drunkenness is voluntary madness.
Pisać	448	Co zapisane piórem, nie wyrąbie i toporem. *The written word remains.*
Piwo	449	Jakiegoś piwa nawaszył, takie wypij. *Such ale as he has brewed let him drink himself.*
Pluć	450	Kto pluje pod wiatr, brodę sobie tylko opluje. *Who spits against the wind spits in his own face.*
	451	Nie pluj w wodę, bo przyjdzie się jej napić. *Do not spit in the well you may have to drink out of.*
Pływac	452	Kto pływać nie umie, niech się nie puszcza na głęboką wodę. *Never venture out of your depth till you can swim.*
	453	Trudno przeciwko wodzie pływać. It is hard striving against the stream.
Pochlebca	454	Kto słucha pochlebce, mądry być nie chce. *Flattery is the food of fools.*

	455	Pochlebca—głaskacz ucha—żyje z tego, co go słucha. *All flatterers live at the expense of those they flatter.*
Początek	456	Początek dobry—połowa roboty. Well begun is half done.
	457	Początek każdej rzeczy jest trudny. Every beginning is hard. *The first step is the hardest.*
	458	Początek próżniacki, koniec łajdacki. *An ill beginning, an ill ending.*
Podobać się	459	Jak się nie podoba brudno, to na czysto trudno. *Clothes don't make the man.*
	460	Nie to piękne, co piękne, ale co się komu podoba. Fair is not fair, but that which pleases. *Beauty is in the eye of the beholder.*
Pokora	461	Pokora jest matką cnoty. *Humility is the foundation of all virtues.*
Pokój	462	Chcesz pokoju, gotuj się do wojny. If you desire peace, prepare for war.
Pomoc	463	Najlepsza pomoc to samopomoc. Self-help is the best help.
Pomsta	464	Pomsta smaczna rzecz. *Revenge is sweet.*
Pościelić	465	Jak sobie pościelisz, tak się wyśpisz. As you make your bed, you must lie on it.
Potrzeba	466	Potrzeba jest matką wynalazku. Necessity is the mother of invention.
	467	Potrzeba prawo łamie. *Necessity knows no law.*

Potwór	468	Każda potwora ma (znajdzie) swego amatora. *There's someone for everyone.*
Pozbyć się	469	Kiedy czego pozbędziemy, wtenczas tego żałujemy. *You don't know what you have until you lose it.*
Pozór	470	Pozory często mylą. Appearances are often misleading.
Pożyczyć	471	Chceszli przyjaciela stracić, pieniędzy mu pożycz. Never loan money to a friend unless you wish to lose him.
Późno	472	Lepiej późno niż nigdy. Better late than never.
Praca	473	Bez prace nie þędą kołacze. *Without work, there's no reward.* *No reward without toil.*
Pracować	474	Kto nie pracuje, ten nie je. If you won't work you shan't eat.
Prawda	475	Pijany a dziecię prawdę powie. *Children and fools speak the truth.*
	476	Prawda boli. The truth hurts.
	477	Prawda jak oliwa na wierzch wychodzi. Truth and oil always come to the top.
	478	Prawda jest córką czasu. Truth is the daughter of time.
	479	Prawda jest gorzka. Truth is bitter.
	480	Prawda w winie. In wine there is truth.

Prawo 481 Prawo jak pajęczyna: bąk się przebije, mucha uwiąźnie.
Laws catch flies and let hornets go free.

482 Tam prawo, gdzie siła.
Might makes right.

Prorok 483 Nikt nie jest prorokiem we własnym kraju.
No man is a prophet in his own country.

Prosić 484 Gdzie cię nie proszą, tam nie chodź.
Don't go where you're not wanted.

Próżność 485 Wszystko na świecie próżność.
All is vanity.

Próżnować 486 Kto za młodu próżnuje, ten na starość żebruje.
A young idler, an old beggar.

487 Lepiej poczciwie próżnować, niż na złe pracować.
Better be idle than badly employed.

488 Próżnując najwięcej pracują.
A lazy man works the hardest.

Próżnowanie 489 Próżnowanie—diabelski odpoczywanie.
An idle person is the devil's cushion.
The devil finds work for idle hands to do.

490 Próżnowanie początkiem wszystkiego złego.
Idleness is the root of all evil.

Próżny 491 Z próżnego i Salomon nie naleje.
You can't make something out of nothing.

Przebaczyć 492 Kto wszystko zrozumie, ten wszystko przebaczy.
To understand is to forgive.

493 Łatwiej przebaczyć, niż zapomnieć.
It's easier to forgive than forget.

Przeciw	494	Kto nie jest z nami, ten przeciw nam. He who is not with us is against us.
Przepro-wadzać się	495	Trzy razy się przeprowadzić, a raz się spalić, to na jedno wychodzi. Three moves are as bad as a fire.
Przeskoczyć	496	Gdzie nie można przeskoczyć, tam trzeba podleźć. *Where there's a will, there's a way.* *Forsaken by the wind, you must use your oars.*
Przyczyna	497	Nic się na ziemi bez przyczyny nie dzieje. Nothing happens without a reason.
Przyjaciel	498	Chcąc poznać przyjaciela, trzeba z nim beczkę soli zjeść. Before you make a friend, eat a bushel of salt with him.
	499	Chceszli przyjaciela stracić, pieniędzy mu pożycz. The easy way to lose a friend is to loan him money. *Lend money, lose a friend.*
	500	Dla przyjaciela nowego nie opuszczaj starego. Forsake not old friends for new.
	501	Dla przyjaciela wszystko bagatela. *When a friend asks, there is no tomorrow.*
	502	Gdy bieda tłoczy, przyjaciel odskoczy. *Poverty parts friends.*
	503	Gdy pieniędzy wiele, wokoło przyjaciele. *A full purse has many friends.*
	504	Gdzie złe przypadki, tam przyjaciel rzadki. *In time of prosperity, friends will be plenty; in time of adversity, not one in twenty.*

505 Jeden prawdziwy przyjaciel lepszy jest jak wielu krewnych.
A good friend is better than a hundred relatives.

506 Kto przjaciel każdemu, ten nikomu.
A friend to all is a friend to none.
He who has many friends has no friends.

507 Prawdziwych przjaciół poznajemy w biedze.
A friend is best found in adversity.
A friend in need is a friend indeed.

508 Przyjaciel dobry jest drugi ja.
A friend is another self.

509 Przyjaciela zawsze trzeba każdemu jak wody, chleba.
One can't live without friends.

510 Przyjaciele—złodzieje czasu.
Friends are thieves of time.

511 Przyjacielskie rzeczy wszystkie spólne.
Among friends all things are common.

512 Stary przyjaciel, stare wino, stare złoto świeższym nie ustępują.
Old friends and old wine and old gold are best.

513 Strzeż mię, Panie Boże, od przyjaciół, bo od wrógow sam się obronię.
God defend me from my friends; from my enemies I can defend myself.

514 Umiej być przyjacielem, znajdziesz przyjaciela.
The way to gain a friend is to be one.
If you want a friend, you will have to be one.

Przykład	515	Przykład lepszy niż nauka. Example is better than precept. *A good example is the best sermon.*
	516	Więcej wzruszają przykłady niżli słowne wykłady. *Example is better than precept.*
Przysięgać	517	Kto częstokroć przysięga, fałszywie łatwie przysięga. *He who readily takes oath seldom swears to the truth.* *He that will swear, will lie.*
Przysłowie	518	Na wszystko jest przysłowie. There's a saying for everything.
	519	Przysłowia są mądrością narodów. Proverbs are the wisdom of nations.
Pryzwara	520	Nikt nie jest bez przywary. Everyone has their faults. Every man has his faults.
Psuć	521	Łatwiej popsuć, niż naprawić. *It's easier to break something than to fix it.*
Ptak	522	Jaki ptak, takie gniazdo. Such a bird, such a nest.
	523	Małych ptaków małe gniazda. Little bird, little nest.
	524	Ptacy jeszcze w lesie, a on już rożenki struże. *Make not your sauce, before you have caught the fish.* *Don't count your chickens before they are hatched.*
	525	Zły to ptak, co swe gniazdo plugawi. It's an ill bird that fouls its own nest.

Pycha 526 Gdy przyjdzie pycha, przyjdzie i hańba.
When pride comes, then comes shame.
Pride goes before, and shame follows after.

527 Pycha przed upadkiem chodzi.
Pride goes before a fall.

Pytać 528 Gdy cię nie pytają, milcz.
Silence is golden.
Never answer a question until it is asked.

529 Lepiej się trzy razy spytać, jak raz źle zrobić.
It's better to ask twice than go wrong once.

530 Pytać się nie szkodzi.
It won't hurt to ask.

Pytanie 531 Jakie pytanie, taka odpowiedź.
Like question, like answer.

532 Każde pytanie ma swoją odpowiedź.
Every question has an answer.

R

Rachunek	533	Dobre rachunki robią dobrych przyjaciół. Clear reckonings, good friends.
Racja	534	Racja mocniejszego zawżdy lepsza bywa. *Might is the measure of right.*
	535	Racja racją, a szkoda szkodą. Right is right, and wrong is wrong.
Rada	536	Dobra rada nieraz lepsza złota. *Good advice is beyond price.*
	537	Dobra rada nigdy nie jest za późna. Good advice never comes too late.
	538	Jaka rada, tacy rajcy. Like counsellor, like counsel.
	539	Nagła rada rzadko się nadawa. Overhasty counsels are rarely prosperous.
	540	Noc przynosi radę. *Night is the mother of counsel.*
	541	Rada zła na poradnika często się obraca. *Bad advice is worst for the adviser.*
Radość	542	Nie ma radości bez smutku. Joy must have sorrow.
	543	Po radości smutek. After joy comes sorrow.

544 Radość tym większa, im bardziej niespodziewana.
The hour of happiness will be the more welcome, the less it is expected.

Radzić 545 Co radzisz drugiemu, życz sobie samemu.
Take your own advice.

546 Drugiemu dobrze wnet poradzimy, a sami sobie nie umiemy.
We find it easy to direct others to the right road, but we can't always find it ourselves.

547 Mało uradzi, gdzie wielu radzi.
Too much consulting confounds.

548 Radź się samego siebie, bo nad cię nikt ci nie jest wierniejszy.
Let the counsel of thine own heart stand: for there is no man more faithful unto thee than it.

Rana 549 Rana się zgoi, ale blizna zostanie.
Though the wound be healed, yet a scar remains.

550 Skryta rana nieuleczona.
If you expect to be cured, you must uncover your wound.

Rano 551 Jak ranek mglisty, wieczór przezroczysty.
A misty morning may have a fine day.

552 Kto się rano śmieje, wieczór płacze.
Laugh before breakfast, you'll cry before supper.
He who laughs Friday will cry Sunday.

Ręczyć 553 Kto ręczy, płaci.
He that will be surety shall pay.

Ręka 554 Całuj rękę, której ukąsić nie możesz.
Kiss the hand which you cannot bite.

555 Ręka rękę myje.
One hand washes the other.

Robak 556 Każdy ma swego robaka, co go gryzie.
We all have our troubles.

Robić 557 Każdy robi, co może.
Everyone does what they can.

558 Kto nie robi, pościć musi.
Who will not work shall not eat.

559 Lepiej jest nic nie robić, niż robić nic.
It is better to be idle than busy about nothing.

560 Samo się nic nie zrobi.
Nothing will get done by itself.
Nothing will come of nothing.

Robotnik 561 Jaki robotnik, taka robota.
As the workman, so the work.

Rodzić 562 Człowiek raz się rodzi i raz umiera.
He that is once born, once must die.
We are born, we die.
All men have one entrance into life, and the life going out.

563 Jeden człowiek rodzi się ze srebną, drugi z drewnianą łyżką.
One man is born with a silver spoon in his mouth, and another with a wooden ladle.

564 Każdy, co się rodzi, umrzeć musi.
Everyone who is born must die.

565 Lepiej się było nie urodzić.
It's best never to have been born at all.

Rozkazywać 566 Kto chce rozkazywać, musi się najpierw nauczyć słuchać.
You must learn to obey before you command.

567 Kto umie rozkazować, tego zawdy słuchają.
He that commands well shall be obeyed well.

Rozkosz 568 Rozkosz bólu nabawia.
After pleasure comes pain.

569 Rozkosz krótka rzecz.
Nothing is ever long which gives endless pleasure.
Pleasures are transient.

570 Rozkosz nęta do złego.
Pleasure is the bait of evil.

Rozum 571 Każdy ma swój rozum.
Each mind has its own method.

572 Rozum największa majętność.
Better wit than wealth.
Wisdom is more to be envied than riches.

573 Rozum z latami nie zawsze idzie w parze.
Wisdom goes not always by years.

574 Rozumu kupić nie można.
Wisdom cannot be gotten for gold.

575 Rozumu z laty przybywa.
The older the wiser.

Równość 576 Równość matka przyjaźni.
Equality produces friendship.

Rózga 577 Rózga kości nie łamie.
The rod breaks no bones.

Róża 578 Kto róże zrywa, skaleczon bywa.
There is no gathering the rose without being pricked by the thorns.

579 Nie ma róży bez kolców.
No rose without a thorn.

Ryba 580 Kiedy ryba ma być dobra, powinna trzy razy pływać: w wodzie, w maśle i w winie.
Fish should swim three times: water, sauce, and wine.

581 Od głowy ryba cuchnie.
Fish begins to stink at the head.

582 Po rybach wina mach!
Fish ought to swim.

583 Przed niewodem ryb nie łów.
Don't count your chickens before they are hatched.

584 Wielkie ryby małe żrą.
Big fish eat little fish.

Rycerz 585 Nie każdy to jest rycerz pod zbroją abo pancerzem.
Arms do not make the knight.
The wearing of gilt spurs makes not the knight.

Rychło 586 Dość rychło, jeśli dobrze.
Soon enough if well enough.

587 Im kto rychlej, tym lepiej posłuży.
The sooner the better.

Ryzykować 588 Kto nie ryzykuje, nic nie ma.
You won't get anything unless you take chances.
Boundless risk, boundless gain.

Rzadki 589 Co rzadkie, to i drogie.
Rarity is what gives price to a thing.

590 Rzadkie rzeczy bardziej się podobają.
Rarity enchances pleasure.

591 Wyborne rzeczy rzadkie.
All things which excel are rare.
Precious things are not found in heaps.

Rzecz 592 Gorsze rzeczy dłużej trwają.
A bad thing never dies.

593 Każda rzecz ma dwie strony.
There are two sides to everything.

594 Mała rzecz podczas wiele zaszkodzi.
It is the last straw that breaks the camel's back.

595 Przyszłe rzeczy niepewne.
The future is uncertain.

Rzeka 596 Wielkie rzeki cicho płyną.
The deepest rivers flow with the smallest noise.

597 Wszystkie rzeki do morza wpadają.
All the rivers run into the sea.

Rzemieślnik 598 Dobremu rzemieślnikowi każde naczynie dobre.
A good workman can use any kind of tools.

599 Złemu rzemieślnikowi abo robotnikowi każde naczynie złe.
A bad workman always blames his tools.

Rzemiosło 600 Kto ma w ręku rzemiosło i niepusto w główce, obejdzie świat o złotówce.
Who hath a good trade, through all waters may wade.
He who has an art, has everywhere a part.

Rzepka 601 Każdy sobie rzepkę skrobie.
Every man for himself and the devil take the hindmost.

Rzucać 602 Rzucaj za siebie, znajdziesz przed sobą.
He that soweth good seed shall reap good corn.

Rzym 603 Nie jednego roku Rzym zbudowano.
Rome wasn't built in a day.

S

Sąd

604 Sąd bez drugiej strony niedobry.
It's against common justice to pass sentence without hearing both sides.

Sądzić

605 Nie sądź, a nie będziesz sądzony.
Judge not, and ye shall not be judged.

606 Z pozoru sądzić nie trzeba.
Judge not by appearances.

Sąsiad

607 Kto ma dobrego sąsiada, ma zawsze dobry poranek.
A good neighbor, a good morrow.

608 Kto nie gasi ognia u sąsiada, jego się ściana prędko zajmie rada.
Your own property is at stake when your neighbor's house in on fire.

609 Lepszy sąsiad bliski niźli brat daleki.
A near neighbor is better than a far-dwelling kinsman.

610 Nie ma nic gorszego nad sąsiada złego.
An ill neighbor is an ill thing.

611 Nie po wszystko, bracie mój, chodzić do sąsiada.
Withdraw thy foot from thy neighbor's house, lest he be wary of thee.

	612	Sąsiedzkie wszystko lepsze. Neighbor's fare always is counted the best.
Schodzić	613	Jedno schodzi, drugie wschodzi albo się rodzi. One cometh to an end and another is born.
Sekret	614	Co dwu albo trzech wie, już to nie sekret. *Three may keep a secret, if two of them are dead.*
	615	Sekretu się zwierzyć, jest wolność stracić. *Thy secret is thy prisoner; if thou let it go, thou are a prisoner to it.*
	616	Zachować co w sekrecie najciężej jest kobiecie. *Women can keep no counsel.*
Sen	617	Czego kto pragnie na jawi, to mu sen przed oczy stawi. *A dream grants what one covets when awake.*
	618	Kto snom wierzy, oszukawa się. *Dreams are lies.*
	619	Najlepsze lekarstwo na głod, sen. *He who sleeps, dines.*
	620	Sen folga frasunku. *Sleep, the oblivion of our daily ills.*
	621	Sen obraz śmierci. Sleep is the image of death.
Ser	622	Ser na rano złoto, na południe srebro, na wieczór ołów. Cheese is gold in the morning, silver at noon, and lead at night.
Serce	623	Co na sercu, to i na języku (w ustach). *What the heart thinks, the tongue speaks.*
	624	Czego serce pełne, tym i usta płyną. When the heart is full the tongue will speak.

	625	Kto w sercu ubogi, na ucieczkę ma nogi. *Who has not a heart, let him have legs.*
	626	Serca kupić nie można. Money can't buy love.
	627	Serce nie sługa. The heart is no slave.
Sęk	628	Na twardy sęk twardy klin. For a hard knot a hard wedge is necessary.
Siać	629	Gęsto siejesz, gęsto zbierasz. He who soweth bountifully shall reap also bountifully.
	630	Jak posiejesz, tak zbierzesz. As you sow, so shall you reap.
	631	Jeden sieje, a drugi żnie. Some sow and others reap.
	632	Kto sieje wiatr, ten zbiera burzę. He who sows the wind shall reap the whirlwind.
	633	Kto skąpo sieje, skąpo będzie żął. He who soweth sparingly shall reap also sparingly.
	634	Kto z płaczem sieje, żąć będzie z weselem. They that sow in tears shall reap in joy.
Sidło	635	Kto na kogo sidła stawia, sam się w nie ułowi. He who lays a snare for others will fall into it himself.
Sieć	636	W postrzeżoną sieć lisa nie nażeniesz. *The bird avoids the nets that show too plainly.*
Siedzieć	637	Im kto wyżej siedzi, tym bardziej się poci. *He sits not sure that sits too high.*
Siła	638	Siły złączone mocniejsze. Strength united is the greater.

Skąpy 639 Skąpy zawsze w nędzy, choć dosyć pieniędzy.
The miser is ever in want.

Skorupka 640 Czym skorupka za młodu nasiąknie, tym na starość trąci.
Just as the twig is bent the tree is inclined.
What's bred in the bone will come out in the flesh.

Skromność 641 Skromność wielkim towarzyszy.
Modesty is the certain indication of a great spirit.

Skrzydło 642 Każdy na swe skrzydło goni (gali).
Everyone is out for themselves.

Skubać 643 Nie skub, dopóki nie złapiesz.
First catch your hare.
Don't count your chickens before they are hatched.

Skwapliwość 644 Skwapliwość zawsze szkodliwa.
Haste makes waste.
A hasty man never wants woe.

Sława 645 Sława dobra stoi za bogactwa.
A good name, the best of all treasures.

646 Wszystko przeminie, sława nie zginie.
True fame overcometh death.
A great name shall never pass away.

Słodycz 647 Rzadko słodycz bez goryczy.
Every sweet will have its sour.

Słońce 648 Gdzie słońce świece, tam cień być musi.
No sun without a shadow.

649 I na słońcu są plamy.
Even the sun has spots.
Nobody is perfect.

650 Kiedy słońce zbyt dopieka, to już burza niedaleka.
A red sun has water in his eye.

651 Lepsze słońce wschodzące niźli zachodzące.
More worship the rising than the setting sun.

652 Ranne słońce niecały dzień świeci.
The morning sun never lasts a day.

653 Słoneczny promień od gnoju się nie maże.
The sun shines on a dung-hill, and yet its beams are not defiled by it.

654 Słońce tak dobrym, jak i złym świeci.
The sun shines upon all alike.

Słowo

655 Dobre słowo lepiej gasi niż wiadro wody.
Good words cool more than cold water.

656 Dobre słowo mało kosztuje, a pomaga wiele.
Good words cost nothing, but are worth much.

657 Nie zaboli język od dobrego słowa.
Soft words hurt not the mouth.

658 Słowa bez uczynków nie mają wagi.
Words without action are void of substance.

659 Słowami nie napełnisz worka.
Good words fill not a sack.

660 Słówami się nie najesz.
Fair words fill not the belly.

661 Słowo raz dane ma być wiernie dotrzymane.
Your word must be your bond through life.

662 Słowo raz wyrzeczone, nigdy nie przywrócone.
The word once spoken flies beyond recall.

663 Słowo się rzekło, kobyłka u płotu.
Be true to your word.

	664	Słowo wiatr. Words are but wind.
	665	Słówko wróblem wyleci, a powróci wołem. *Be careful what you say (it might come back to haunt you.)*
Słuchać	666	Kto słucha pod cudzymi ściany, usłyszy własne nagany. *Listeners never hear good of themselves.*
	667	Wiełe sluchaj, mało mów. *Hear much, speak little.*
	668	Wysłuchaj pierwej, toż odpowiadaj. *Hear twice before you speak once.*
Sługa	669	Jeden sługa to sługa, dwie sługi to pół sługi, a trzy sługi to nie ma sługi. *Who wishes to be ill-served, let him keep plenty of servants.*
	670	Sługa ma być wierny, nieleniwy i niepyszny. *A good servant must come when you call him, go when you bid him, and shut the door after him.*
	671	Stary pies i stary sługa najczęściej kończl w nędzy. *A young serving-man, an old beggar.*
Służyć	672	Kto służy, wolność traci. He who serves is not free.
Smak	673	Nic tam w smak nie bywa, gdzie się bez towarzysza zażywa. *The company makes the feast.*
Smakować	674	Nie wszystko jednym smakuje. *Tastes differ.*
Smarować	675	Kto smaruje, ten jedzie. Who greases his way travels easily.

Smoła 676 Kto się dotyka smoły, pomaże (zmaże) się od niej.
He that touches pitch shall be defiled.

Smutek 677 Po smutku radość następuje.
Sadness and gladness succeed each other.

Sobie 678 Każdy sobie najbliższy.
Every man is nearest to himself.

Sokół 679 Gdy sokół spieszeje, bije go i wrona.
Haste trips upon its own heels.

Sowa 680 Nie urodzi sowa sokoła.
The raven does not hatch a lark.

Sól 681 Aby poznać przyjaciela, trzeba wprzód z nim zjeść beczkę soli.
Before you make a friend, eat a bushel of salt with him.

682 Do każdej rzeczy sól należy.
Salt seasons all things.

Spadać 683 Kiedy spaść, to z dobrego konia.
As well be hanged for a sheep as for a lamb.

Spanie 684 Pańskie spanie, dziadowskie śniadanie.
He who sleeps all the morning, may go a begging all the day after.
The sleepy fox has seldom feathered breakfasts.

Spodziewać 685 Czego się nie spodziejesz, to rychlej przypadnie.
Unlooked for often comes.

Sposób 686 Na wszystko jest sposób.
Where there's a will, there's a way.

Spotkać 687 Co potkało jednego, może każdego.
Whatever can happen to one man can happen to every man.

Spódnica 688 Spod każdej spodnicy diabeł zerka.
The devil dances in a woman's placket.

Sprawa 689 Każda sprawa ma dwie strony.
There are two sides to every question.

690 Złe sprawy rodzą dobre ustawy.
Good laws often proceed from bad manners.
The law grows of sin.

691 Żaden w swej sprawie sędzią być nie może.
No one ought to be judge in his own cause.

Sprawić 692 Co sam sprawić możesz, drugiemu nie zlecaj.
If thou thyself canst do it, attend no other's help or hand.

Sprawiedliwość 693 Nie ma sprawiedliwości na świecie.
There is no justice in the world.

694 Słaba jest sprawiedliwość bez pomocy oręża.
Justice without force is powerless.

695 Sprawiedliwość surowa—krzywda gotowa.
Extreme justice, extreme injury.

Sroka 696 Kto chwyta dwie sroki za ogon, żadnej nie złapie.
If you run after two hares, you will catch neither.

697 Wszędzie sroka pstra.
The leopard cannot change his spots.

Stać 698 Co się ma stać, to się stanie.
What will be will be.

699 Co się stało, odstać się nie może.
What is done cannot be undone.

Starość 700 Ku starości bolą kości.
Age breeds aches.
A hundred disorders has old age.

701 Nie starość madrym człeka, ale rozum czyni.
The brains doesn't lie in the beard.

702 Sama starość stoi za chorobę.
Old age is sickness itself.

703 Starości pragniemy, gdy przyjdzie tęsknimy.
All would live long, but none would be old.

704 Starość nie radość.
Being old is no joy (picnic).

Stary

705 Im kto starszy, tym powinien być mędrszy.
Multitude of years should teach wisdom.

706 Kto chce być długo starym, niech nie będzie długo młodym.
He that will be an old man long, must be an old man soon.

707 Starego odmienić trudno.
You can't teach an old dog new tricks.

708 Staremu wszędzie zimno.
Old folks are always cold.

709 Stary do rady, a młody do zwady.
Youth is wild, and age is tame.

710 Starzy ludzie dwa razy dziećmi.
Old men are twice children.

711 W starym znajdziesz radę zdrową.
If you wish good advice consult an old man.

Strach

712 Gdzie jest strach, tam i wstyd.
Where fear is, shame is.

713 Stach ma wielkie oczy.
Fear has magnifying eyes.

714 Strach złym doradcą.
Fear closes the ears of the mind.

Struna

715 Nie przeciągaj struny, bo pęknie.
The taut rope will break.

Strzec	716	Strzeżonego Pan Bóg strzeże. God helps those who help themselves.
Suknia	717	Każdemu w swej sukni cudniej niż w pożyczanej. *Borrowed garments never fit well.*
	718	Nie suknia zdobi człowieka. Clothes do not make the man.
	719	Suknia człekiem czyni. Apparel makes the man.
Sumienie	720	Duchowny przewodnik: sumienie. Conscience is the voice of the soul.
	721	Mur żelazny—dobre sumnienie. *A clear conscience is like a coat of mail.*
	722	Przy czystym sumieniu zaśniesz smacznie i na kamieniu. *A good conscience is a soft pillow.*
	723	Sumnienie złe stoi za kata. *Conscience is a cut-throat.*
Swoboda	724	Lepsza swoboda niż wygoda. *Lean liberty is better than fat slavery.*
Swój	725	Każdemu się swoje podoba. Every man likes his own thing best.
	726	Swój do swego lgnie. Like seeks after like. *Birds of a feather flock together*
Syn	727	Mądry syn rozwesela ojca. A wise son maketh a glad father.
Syty	728	Sytemu nic nie smakuje. *Satiety begets distaste.*

Szacować	729	Lekko sobie szacujemy, czego darmo dostajemy. *Light come, light go.* *What costs little, is less esteemed.*
Szaleć	730	Miło szaleć, kiedy czas po temu. *It is pleasant at times to play the madman.*
Szanować	731	Szanuj sam siebie, a beda szanować ciebie. Respect yourself, and others will respect you.
Szczep	732	Jeśliż szczep dobry, i gałązki dobre. *Of good seed proceedeth good corn.*
	733	Szczep dobry czasem złe dawa owoce. *Good wombs have borne bad sons.* *Many a good cow hath an evil calf.*
Szczęście	734	Każdy jest swego szczęścia kowalem. Every man is the architect of his own fortune.
	735	Lepsze szczęście niż pieniądze. Better be fortunate than rich.
	736	Lepszy łut szczęścia niż funt rozumu. An ounce of luck excels a pound of wit.
	737	Szczęście nieszczęściem przeplatane bywa. *Luck always changes.*
	738	Szczęście odmienne, niestateczne jest. *Fortune is fickle.*
Szelma	739	Im większy szelma, tym większe szczęście miewa. The more knave the better luck.
Szewc	740	Najczęściej sam szewc chodzi bez butów. Him that makes shoes goes barefoot himself. *The shoemaker's wife is always the worst shod.*
Szlachcic	741	Szlachcic na zagrodzie równy wojewodzie. *A man's home is his castle.*

Szpilka	742	I po szpilkę warto się schylić. *He that will not stoop for a pin will never be worth a pound.*
Szukać	743	Kto szuka, ten znajdzie. Seek and you will find.
Szydło	744	Szydło z worka zawsze wyjdzie. *Murder will out.*

Ś

Ściana	745	Ściany mają uszy. Walls have ears.
Ślepy	746	I ślepy czasem trafi. A blind man may sometimes hit the mark.
	747	Kto chce być ślepym, wszystko prześlepi. *None so blind as those who will not see.*
	748	Nic ślepemu po zwierciadle. The blind man has no use for a mirror.
	749	Nie może kludzić ślepy ślepego, bo wpadną oba do dołu wielkiego. If the blind lead the blind, both shall fall into the ditch.
	750	Pomiędzy ślepymi jednooki królem. In the kingdom of the blind the one-eyed man is king.
Śmiac się	751	Nie śmiej się, dziadku, z cudzego wypadku. *Don't laugh at someone else's misfortune.*
	752	Ten się śmieje, kto się ostatni śmieje. He laughs best who laughs last.
Śmialy	753	Śmiałym szczęście sprzyja. Fortune favors the brave.
Śmiech	754	Po śmiechu następuje płacz. After laughter, come tears.

755 Śmiech to zdrowie.
Laughter is the best medicine.

Śmierć 756 Czy kręć, czy wierć, przyjdzie na cię śmierć.
You can't escape death.

757 Gorszym od śamej smierci jest oczekiwanie śmierci.
Fear of death is worse than death itself.

758 Kto śmierć wzgardzi, panem jest wszystkiemu.
Despise death and you have conquered every fear.

759 Na śmierć nie ma lekarstwa.
Death defies the doctor.

760 Śmierci każdy się boi.
Men fear death.

761 Śmierć bierze stare i młode.
Death spares neither golden locks nor the hoary head.

762 Śmierć co lepsze bierze.
The best go first.

763 Śmierć jako cień za człowiekiem idzie.
Wherever you go, Death dogs you like your shadow.

764 Śmierć każdemu pewna.
Nothing so certain as death.

765 Śmierć nie zna prawa żadnego, bierze z panem ubogiego.
Death is the great leveller.

Śpieszyć się 766 Jak się człowiek śpieszy, to się diabeł cieszy.
All haste comes from the devil.

767 Śpiesz się powoli.
Make haste slowly.

Środek	768	Środek najlepszy. *In everything the middle course is best.*
Świat	769	Nic wiecznego na świecie. Nothing lasts forever.
	770	Świat chce być oszukiwanym, niechże go oszukują. The world wishes to be deceived; let it be deceived.
	771	Świat jest przestronny. The world is a wide place.
	772	Świat jest wielkie teatrum, a ludzie aktorzy. The world is a stage and every man plays his part.
	773	Świata nie przerobisz. You can't change the world.
Światło	774	Nie ma światła bez cieni. Every light has its shadow.
Świeca	775	Lepsza świeczka jedna przed sobą niż dwie za sobą. *The candle which goes before gives more light than the one which comes behind.*
Świecić	776	Co się predko rozświeci, prędko gaśnie. *Quickly come and quickly go.* *The more light a torch gives, the less while it lasts.*
Świerzbieć	777	Niech się ten drapie, kogo świerzbi. Whosoever hath the itch, let him scratch.
Święto	778	Leniwemu zawsze święto. With the slothful it is always holiday.

T

Taczka	779	Każdy swoją taczkę pcha. *Each person carries his own load.*
Tajemne	780	Co chcesz mieć tajemnego, miej u siebie samego. *What you wish to be kept quiet you should tell to no one.*
Taki	781	Jaki sam jest, takie drugie chce mieć. *A man will cleave to his like.* *Like seeks like.*
Talent	782	Nie wszyscy mają jednakie talenta. *Talents differ.*
Tanecznica	783	Złej tanecznicy fartuch na zawadzie. *A bad workman always quarrels with his tools.*
Tanie	784	Co się kupi tanie, psom się dostanie. *The cheap buyer takes bad meat.*
Tchórz	785	Lepiej być żyjącym tchórzem niż zabitym bohaterem. Better a live coward than a dead hero.
Tłusty	786	Nim tłusty schudnie, to chudy zdechnie. While the fat one becomes lean, the lean one expires.
Tonący	787	Tonący brzytwy się chwyta. *A drowning man catches at a straw.*

Towarzystwo 788 Jakie towarzystwo, takie obyczaje.
A man is known by the company he keeps.

789 Złe towarzystwo na złe wychodzi.
Communion with the bad corrupts good character.
Ill company is that, that brings many to the gallows.

Towarzysz 790 Towarzysz w drodze mowny stoi za wózek smarowny.
Good company is a good coach.
A pleasant companion is a bait in a journey.
Good company makes the way seem shorter.

Trawa 791 Na bitym gościńcu trawa nie urośnie.
Grass grows not upon the highway.

Troska 792 Troska dzienna—noc bezsenna.
Care makes your night long by disturbing your slumber.

Trucizna 793 Trucizna goi truciznę.
One poison drives out another.

Trudność 794 Trudność ustąpi, gdy chęć przystąpi.
Where there's a will, there's a way.
Nothing is impossible to a willing heart.

Trzeźwy 795 Co u trzeźwego na myśli, to u pijanego na języku.
What is in the heart of the sober man is in the tongue of the drunkard.

Trzymać 796 Trzymaj, coś uchwycił.
What you get hold.

Twarz 797 Każdego twarz pokazuje, jakim się wewnątrz znajduje.
The face is the image of the soul.

798 Na co metryki, na co kalendarzy? liczby wydają lat zmarszczki na twarzy.
Your face betrays your years.
We may know your age by the wrinkles of your horn.

799 Twarz nie zawsze umysłu odkrywa.
The face is but a false index of the mind.

Twoje 800 Co twoje, to moje, a co mojego, to ci nic do tego.
What's yours is mine and what's mine is my own.

U

Ubogi 801 Nie ten ubogi, kto mało ma, ale ten, kto wiele pragnie.
He is not poor that hath much, but he that craves much.

802 Ubogi mało ma przyjaciół.
Poverty has no friends.
Poor folk's friends soon desert them.

803 Ubogi wszędy bezpieczny.
Empty pockets travel safe.
The beggar may sing before the thief.

804 Ubogi z nędzy grzeszy.
Poverty is the mother of crime.
There is no virtue that poverty destroys not.

805 Ubogi zdrowy.
Poverty is the mother of health.

806 Ubogiego i swoi nie znają.
No one claims kindred with the poor.
To a beggar not even his own parents are friends.

807 Ubogiego zdanie: nie dba nikt na nie.
Poor men's reasons are not heard.

808 Ubogiemu niewiele trzeba.
Poor folks are fain of little.

	809	Ubogiemu wszędy piskorz. *A poor man's table is soon spread.*
Ubóstwo	810	Ubóstwo nie hańbi. Poverty is no disgrace.
	811	Ubóstwo nie jest grzechem. Poverty is no sin.
	812	Ubóstwo uczciwe nie bywa wstydliwe. No shame is honest poverty.
	813	Ubóstwo wiele dobrego nauczy. *Poverty is the begettor of wisdom.* *Poverty is the mother of all arts.*
	814	Ubóstwo zbytku potomek. Plenty makes poor.
	815	Ubóstwo złosci nie rodzi. *Poverty and anger do not agree.*
	816	Z lenistwa pochodzi ubóstwo. *Idleness is the key of beggary.*
Ubrać	817	I kołek ubrać, to ładniejszy. *Dress up a stick and it does not appear to be a stick.*
Ucho	818	Kto ma ucha, niechaj słucha. He that hath ears to hear, let him hear.
	819	Mamy dwoje uszów, a jeden język, żeby wiele słyszeć, a mało mówić. The reason why we have two ears and only one mouth is that we may listen the more and talk the less.
Uciecha	820	Krótka uciecha, żał dlugi. *For one day of joy, a thousand of grief.* *Every inch of joy has an ell of annoy.*
Uciekać	821	Kto ucieka, winnym się staje. *He who flees from trial confesses his guilt.* *Flight is an acknowledgment of guilt.*

Uczeń	822	Kto nigdy uczniem nie był, też mistrzem nie będzie. He can ill be master that never was scholar.
Uczony	823	Im kto uczeńszy, tym bywa nadętszy. *Knowledge puffeth up.*
	824	Nie będziesz uczony, jeśli się uczyć nie będziesz. *Learn not and know not.*
	825	Uczony z nieba nie spadnie. *Nobody is born learned.*
Uczyć	826	Uczący drugich sam się uczy. Teaching of others, teacheth the teacher.
	827	Zawsze jest czego się uczyć. *Learning never stops.*
Uczynek	828	Dobry uczynek straconym nie bywa. A good deed is never lost.
	829	Dobry uczynek za modlitwę stoi. *A good deed a day keeps the devil away.*
	830	Z uczynku, nie ze słów, czlowieka poznają. *Actions speak louder than words.* *By his deeds a man is known.*
Udanie	831	Na udaniu wiele należy. *Nothing succeeds like success.*
Ufać	832	Nie ufaj, nie będziesz zdradzony. *Trust makes way for treachery.*
	833	Nie ufaj, tylko sobie. Only trust thy self.
Ujść	834	Czego ujść nie możesz, wytrwaj. One must learn to endure what can't be escaped.

Układać się	835	Wielu się pięknie układa, a w sercu ich skryta zdrada. *Full of courtesy, full of craft.*
Ul	836	Kto w ul dmuchnie, temu psyk spuchnie. *Play with fire and you will get burnt.*
	837	Nie dmuchaj do ula. *Don't stir fire with a sword.*
Umarły	838	O umarłych albo dobrze, albo wcale nie mówić. *Never speak ill of the dead.*
	839	Umarli nie wracają. *Back from the tomb no step has come.*
	840	Umarłego płaczem nie wskrzesi. *'Tis a vain and impotent thing to bewail the dead.*
	841	Umarły nie ukąsi. The dead don't bite.
Umieć	842	Dosyć jedno umieć, a dobrze. *Far better to know one thing thoroughly than to be superficially dressed up with many.*
	843	Wiele masz, kiedy wiele umiesz. *Knowledge is power.*
Umrzec	844	Czy chcesz, czy nie chcesz, umrzeć musisz. *All men must die.*
	845	Raz tylko człowiek umiera. A man can die but once.
Upiec	846	Co się upiecze, to ukrój. *Take the goods the gods provide.*
Upór	847	Na upór nie ma lekarstwa. *None so deaf as those who won't hear.*
Uroda	848	Uroda rzecz nietrwała. *Beauty fades like a flower.*

	849	Urodą kapusty nie okrasisz. *Beauty won't make the pot boil.*
Urząd	850	Kto kupuje urząd, ten przedaje sprawiedliwość. *They that buy an office, must sell something.*
	851	Urząd pokazuje człowieka. Office shows the man.
Utrapienie	852	Żaden nie jest bez jakiego utrapienia. *We all have our troubles.*
Użyć	853	Używaj świata, poki służą lata. *Whilst thy life is still in its flowering springtides, see that thou use it.*

W

Wada	854	Cudze wady rychlej niz swoje obaczamy. *Everybody can see the hump on his friend's shoulders, but it takes some effort to see our own.*
	855	Każdy ma swoje wady. Every man has his fault.
Waleczny	856	Waleczny często bez nogi. *Some have been thought brave because they were afraid to run away.*
Ważyć się	857	Kto nie waży, nie ma nic. *Nothing venture, nothing gained.*
Wątpienie	858	Wątpienie droga do mądrości. *Doubt is the beginning, not the end, of wisdom.*
Wełna	859	Kto wełny szuka, wraca częstokroć ostrzyżony. Many go to seek wool, and come back shorn.
Wesoły	860	Nie każdy wesół, co śpiewa. *All are not merry that dance lightly.*
Wiara	861	Wiara bez uczynków martwa jest. Faith without works is dead.
	862	Wiara i góry ruszy. Faith will move mountains.

Widzenie 863 Nieczęste widanie, gotowe nieznanie.
Seldom seen, soon forgotten.

Widzieć 864 Jak cię widzą, tak cię piszą.
Fine feathers make fine birds.
Clothes make the man.

Wieczerza 865 Wieczerza skromna daje spokojne w nocy spanie.
Light suppers make clean sheets.

Wiek 866 Każdy wiek ma swoje przywary.
Each age has its own follies.

Wiele 867 Co za wiele, to niezdrowo.
Too much of a thing was never wholesome.
Too much honey cloys the stomach.

Wierzyć 868 Co ludzie radzi słyszą, temu łacno wierzą.
People believe what they want to hear.

869 Nie wierz niewieście, by też i martwa była.
Trust not a woman, even when dead.

870 Nie wierz nikomu, nie zdradzi cię nikt.
He who trusts not, is not deceived.

871 Nie wszystko wierz, co słyszysz.
Don't believe all that you hear.

872 Zarówno źle i wszystkim wierzyć, i nikomu.
It is equally an error to believe all men or no man.

Wieża 873 Kto chce wieżą budować, trzeba koszt porachować.
If you think of building a tower, first reckon up its cost.

Wilk 874 Już to głód, gdy wilk wilka kąsa.
Great famine when wolves eat wolves.

875 Kto chce z wilkami przestawać, musi wyć jak one.
Who keep company with the wolf will learn to howl.

876 Kto się czyni barankiem, wilk go zje.
He that makes himself a sheep, shall be eaten by the wolf.

877 Natura ciągnie wilka do lasu.
Everyone follows the inclinations of his own nature.

878 Nie wywołuj wilka z lasu.
Let sleeping dogs lie.

879 O wilku mowa, a wilk tuż.
Talk of the devil and he is sure to appear.

880 Wilk nie taki straszny, jak go malują.
One always proclaims the wolf bigger than he is.

881 Z wilka nie uczynisz barana (daniela, gołębia).
The wolf may change his coat but not his disposition.
The wolf may lose his teeth, but never his nature.

Winien 882 Co kto winien, oddać powinien.
Pay what you owe.

Winny 883 Kto broni winnego, sam winien.
He who defends the guilty brings an accusation against himself.

884 Lepiej winnemu przepuścić, niz niewinnego karać.
It is better that ten guilty persons escape than that one innocent suffer.

Wisieć 885 Lepiej za obie nogi wisieć.
As good be hanged for an old sheep as a young lamb.

886 Nie utonie, co ma wisieć.
He that is born to be hanged, shall never be drowned.

Włos 887 Długie włosy, krótki rozum.
Bush natural, more hair than wit.

888 I włos ma swój cień.
Even a single hair has its own shadow.

Woda 889 Cicha woda brzegi rwie.
Still waters run deep.

890 Daleka woda ognia nie gasi.
Water afar does not quench fire.

891 I woda stojąc gnije.
Standing pools gather filth.
Expect poison from the standing water.

892 Każdy na swój młyn wodę obraca.
Every man draws water to himself.

893 Nie wraca się nazad upłyniona woda.
Never does the stream flow backwards to its fount.

Wojna 894 Lepszy w domu groch, kapusta niż na wojnie kura tłusta.
Better an egg in peace than an ox in war.

895 Łatwiej wojnę zacząć, niż ją skończyć.
It is always easier to begin a war, but very difficult to stop one.

896 Na wojnie grzeszyć dwa razy się nie da.
In war there is no room for two mistakes.

897 Pieniądze—cięciwa wojny.
Money is the sinews of war.

898 Słodka jest wojna tym, którzy nie wiedzą, co jest wojna.
Sweet to the inexperienced is war.

Wola 899 Gdzie jest wola, jest i wyjście.
Where there's a will there's a way.

Wódka 900 Od wódki rozum krótki.
From drink wits shrink.

Wół 901 Biada temu domowi, gdzie krowa dobodzie wołowi.
Man to command, and woman to obey; all else confusion.

902 Jako stare woły ryczą, tak się też młode od nich uczą.
As the old cock crows, so crows the young.

903 Przy starym wole uczy się orać młody.
From the old ox the young one learns to plow.

904 Trudno tego wołu wodzić, co sam nie chce chodzić.
A lazy ox is little better for the goad.

Wór 905 Dziurawego woru nie napełnisz.
A broken sack will hold no corn.

906 Wór próżny nie stoi prosto.
An empty bag cannot stand upright.

Wrona 907 Kiedy wejdziesz między wrony, musisz krakać jak i one.
When in Rome do as the Romans do.

Wróbel 908 Lepszy wróbel w ręku niż gołąb na sęku.
A bird in the hand is worth two in the bush.

Wróg 909 Lepsze jest wrogiem dobrego.
Let well alone.
Striving to better oft we mar what's well.

Wskórać 910 Nie wskóra jeden przeciw wielom.
It is hard for one man to withstand many.

Wspominać 911 Wspominać miło, co przedtem trapiło.
Things that were hard to bear are sweet to remember.

Wstać 912 Kto rano wstaje, temu Pan Bóg daje.
The early bird catches the worm.

Wstyd 913 Gdzie wstyd strofuje człowieka—nadzieja poprawy.
There is hope of salvation where shame rebukes a man.

914 Wstyd dość raz utracić.
Past shame once, and past all amendment.
Past shame, past grace.

Wybrany 915 Wiele powołanych, mało wybranych.
Many are called, but few are chosen.

Wychować 916 Jakie wychowacie, takie i macie.
Children are what you make them.

Wychowanie 917 Dobre wychowanie lepsze niż gotowe pieniądze.
Birth is much, but Breeding is more.

918 Wychowanie pieśćliwe czyni dzieci złośliwe, słabe, leniwe.
Spare the rod and spoil the child.

Wygrana 919 Tryumfu przed wygraną nie trąb.
Do not triumph before the victory.

Wyjątek 920 Nie ma reguły bez wyjątku.
There is no rule without an exception.

921 Wyjątek potwierdza regułę.
The exception proves the rule.

Wysoko 922 Kto wysoko lata, ten nisko upada.
The higher up, the lower fall.

Wytrwać 923 Kto wytrwa do końca, zbawion będzie.
He that shall endure unto the end, the same shall be saved.

Wytrwanie 924 Na wytrwaniu wiele zależy.
He conquers who endures.

Z

Zacząć	925	Czego nie masz dokończyć, lepiej nie zaczynaj. Don't start what you can't finish.
	926	Kto dobrze zaczął, jakby połowę zrobił. Well begun is half done.
	927	Kto źle rzecz zacznie, trudno, aby ją dobrze skończył. *An ill beginning, an ill ending.*
	928	Łatwiej zacząć niż skończyć. It is much easier to begin than to finish.
	929	Najtrudniej począć. *Every beginning is the hardest.* *The first step is the hardest.*
Zając	930	Kto dwa zające goni, żadnego nie uchwyci. He who runs after two hares catches neither.
Zakazany	931	Najsłodszy owoc zakazany. *Forbidden fruit is sweet.*
Zamieść	932	Niech tylko każdy przed swoim domem śmiecie zamiecie, a będzie dobrze na świecie. *If every man would sweep before his own door, the city would soon be clean.*
Zazdrosny	933	Kto zazdrościw, sam sobie krzyw. *Jealousy, the jaundice of the soul.*

Zbrodnia	934	Jedna zbrodnia rodzi drugą. One crime leads to antoher.
Zdanie	935	Co człowiek, to zdanie. *Everyone has an opinion.*
Zdrowie	936	Lepsze jest zdrowie niż pieniądze. Health is better than wealth.
	937	Tylko w chorobie ceni się zdrowie. Health is not valued till sickness comes.
	938	Zawsze do zdrowia dobrego trzeba serca wesołego. *Cheerfulness is the principal ingredient in the composition of health.*
Zegar	939	Zegar najpewniejszy—brzuch (głód, żołądek). *Your belly chimes, it's time to go to dinner. Everybody knows there is no clock more regular than the belly.*
Zgoda	940	Zgoda buduje, niezgoda rujnuje. *United we stand, divided we fall.*
Ziarnko	941	Ziarnko do ziarnka, zrobi się miarka. *Many a pickle makes a mickle.*
Ziemia	942	Ziemia wszystkich pospolita matka. *Mighty earth, mother of all.*
Złe	943	Nie ma tego złego, co by na dobre nie wyszło. *Nothing so bad in which there is not something of good.*
	944	Ze dwojga złego mniejsze obieraj. Choose the lesser of two evils.
	945	Złem złego zbyć. *One evil cures another.*
Złodziej	946	Małe złodzieje wieszają, a wielkim się kłaniają. *Little thieves are hanged, but great ones escape.*

947 Okazja czyni złodzieja.
Opportunity makes the thief.

948 Wielcy złodzieje małe wieszają (karzą, sądzą).
The big thieves lead away the little ones.

949 Złodziej by nie kradł, gdyby nie miał gdzie schować.
If there were no receivers, there would be no thieves.

950 Złodzieja żaden tak snadnie nie postrzeże, jako ten, co kradnie.
A thief knows a thief as a wolf knows a wolf.

Złośliwy 951 Złośliwego sama złość pobije.
The malicious man ever eats his own heart.

Złoto 952 Nie masz nic tak mocnego, czego by złoto nie zwojowało.
No lock will hold against the power of gold.

953 Nie wszystko złoto, co się świeci.
All that glitters is not gold.

954 Nie złoto szczęście czyni.
Money can't buy happiness.

955 Złoto ogniem, a człowieka złotem próbują.
As the touchstone tryeth gold, so gold tryeth men.

956 Złoto orator najwymowniejszy.
Gold is an orator.
Money talks.

Zły 957 Chcesz mieć pokój prawy, nie miej ze złym sprawy.
The wicked should be avoided.

958 I sam zły będziesz, jeśli ze złym towarzystwo weźmiesz.
Keep not ill men company, lest you increase the number.

959 Jeden zły wielu dobrych zepsuje.
One ill weed mars a whole pot of pottage.
The rotten apple injures its neighbors.

960 Lepszy gniew złego niż przyjaźń jego.
The love of the wicked is more dangerous than their hatred.

961 Nie czyń złemu dobrze.
If thou hast done a kind deed to a wicked man thou has committed a wicked act.

Znać 962 Mądrość nawiętsza każdego znać dobrze siebie samego.
Know thyself.

963 Sam siebie żaden nie zna.
It is very difficult for a man to know himself.

964 Znać po sierci zwierza, z mowy człowieka.
The bird is known by his note, the man by his works.

Zręczny 965 Kto zręczny, swego dopina.
Cleverness avails more than force.

Zwycięstwo 966 Wielkie to zwycięstwo, które zwyciężony przyznaje.
No victory is complete but that which compels the enemy to confess himself vanquished.

967 Zwycięstwo obiema stronom żałosne.
As victory is silent, so is defeat.
Nothing sadder than victory except defeat.

Zwyciężony 968 Biada zwyciężonym.
Woe to the vanquished.

Zwyczaj 969 W wszelkim kraju trzeba się trzymać zwyczaju.
When in Rome, do as the Romans do.

	970	Zwyczaj druga natura (przyrodzenie). Custom is another nature.
	971	Zwyczaj wiele może. *Great is the force of custom.*
	972	Zwyczaj za prawo stoi. Custom is another law.
Zysk	973	Nie ma zysku bez nakładu. *Money would be gotten if there were money to get it with.*

Ź

Źródło 974 Im bliżej źródła, tym woda jaśniejsza.
The stream is always purest at its source.

Ż

Żal	975	Próżny żal poniewczasie. *It's no use crying over spilt milk.* *It is too late to grieve when the chance is passed.*
Żałować	976	Co się nie wróci, tego darmo żałować. *For a lost thing, care not.* *What's done is done.*
Żart	977	W każdym żarcie połowa prawdy. *There's many a true word said in jest.*
	978	Żarty trzeba, żeby nie bolały, nie śmierdziały, nie szkodziły. *Let there be jesting without bitterness.* *It is ill jesting with edged tools.*
Żebrać	979	Lepiej jest umrzeć niż żebrać. It is better to die than to beg.
	980	Lepiej żebrać, niż kraść. Better beg than steal.
Żebrak	981	Żebraka nigdy nie nasycisz. *A beggar's scrip is never filled.*
Żelazo	982	Kuj żelazo, póki gorące. Strike while the iron is hot.
	983	Żelazo żelazem ostrzą. Iron sharpeneth iron.

Żona

984 Biada temu domowi, gdzie żona przewodzi mężowi.
It is a sad house where the hen crows louder than the cock.

985 Dobra żona perła droga dana od samego Boga.
A good wife is a goodly prize.

986 Dym, dach dziurawy, zła żona najrychlej wypędzą z domu.
Three things drive a man out of his house—smoke, rain, and a scolding wife.

987 Jako ogień bywa z wodą, tak i stary z żoną młodą.
The old coupled with the young never agree together.

988 Młoda żonka staremu karoca do nieba.
Old men, when they marry young women, make much of death.

989 Niedobrze tam, gdzie mąż w spódnicy, a żona w gatkach chodzi.
It's the man who should wear the pants in the family.

990 Pierwsza żona od Boga, druga od ludzi, trzecia od diabła.
The first wife is matrimony, the second company, the third heresy.

991 Ucho, nie oko, ma wybierać żonę.
Choose a wife by your ear rather than by your eye.

992 Zły tam kiermasz bywa, gdzie żona swarliwa.
Who has a scold, has sorrow to his sops.

993 Żona—kłopot.
He that has a wife, has strife.

994 Żonę obieraj stanu równego, chceszli gomonu ujść ustawnego.
Like blood, like good, and like age, make the happiest marriage.
Marry like.

Życie 995 Jakie życie, taka śmierć.
As life, so death.

996 Życie ludzkie jest ciągłą walką.
Life is a constant battle.

997 Życie nie jest romansem (bajką).
Life is not all plays and poems.
Life is not a bowl of cherries.

Życ 998 Długo żyje, kto dobrze żyje.
He lives long that lives well.

Żywy 999 Lepszy żywy pies od zdechłego lwa.
A living dog is better than a dead lion.

1000 Póki kto żywy, nie jest szczésliwy.
Count no man happy until he dies.

Bibliography

Abrahams, Roger D. and Babcock, Barabra A. "The Literary Use of Proverbs." *Journal of American Folklore.* No. 90 (1977), 414-429

Adalberg, Samuel. *Księga przysłów; przypowieści i wyrażeń przysłowiowych polskich.* Warsaw: E. Skiwski, 1894.

Benas, B.L. "On the Proverbs of European Nations." *Proceedings of the Literary and Philosophical Society of Liverpool.* No. 32 (1877-1878), 291-332.

Brzozowski, F.K. *Przysłowia polskie.* Krakow: A. Słomski, 1896.

Bystroń, Jan Stanisław. *Przysłowia polskie.* Krakow: Polska Akademja Umiejętności, 1933.

Champion, Selwyn Gurney. *Racial Proverbs: A Selection of the World's Proverbs, Arranged Linguistically with Authoritative Introductions to the Proverbs of 27 Countries and Races.* London: Routeledge & Kegan, 1963.

Fergusson, Rosalind. *The Penguin Dictionary of Proverbs.* London: Penguin Books, 1983.

Krzyżanowski, Julian. *Mądrej głowie dość dwie słowie,* 2 vols. Warsaw: Panstwowy Instytut Wydawniczy, 1994.

———————. *Nowa księga przysłów i wyrażeń przysłowiowych polskich,* 4 vols. Warsaw: Państwowy Instytut Wydawniczy, 1969.

Miedler, W.; Kingsbury, S. A.; and Harder, K. B. *A Dictionary of American Proverbs.* Oxford: Oxford University Press, 1992.

Paluba, A. *Polish Proverbs and Useful Phrases*. Ithaca, NY: Paluba Publishing House, 1926.

Stanisławski, Jan. *The Great Polish-English Dictionary (Wielki słownik polsko-angielski)*. Warsaw: Wiedza powszechna, 1969.

Stevenson, Burton. *The MacMillan Book of Proverbs, Maxims, and Famous Phrases*. New York: MacMillan Publishing Company, 1976.

Świrko, Stanisław. *Na wszystko jest przysłowie*. Poznan: Wydawnictwo Poznańskie, 1975.

————. *Rok płaci—rok traci*. Poznan: Wydawnictwo Poznánskie, 1990.

Taylor, Archer. *The Proverb*. Cambridge, Mass.: Harvard University Press, 1931.

Tryjarski, Edward. *Myśli srebrne i złote,* 10 vols.. Warsaw: Wiedza powszechna, 1967.

Wilson, F. P. *The Oxford Dictionary of English Proverbs*. 3rd edition. Oxford: Oxford University Press, 1970.

Zand, Helen Stankiewicz. *Polish Proverbs*. Pennsylvania: Polish American Journal, 1961.

English Key Word Index

Index entries are arranged by key word, by which is meant the sequentially first noun most closely associated with the meaning of the proverb and/or having greater linguistic range or frequency. For proverbs without such nouns, key words are verbs, adjectives or adverbs used on the basis of the same criteria. All numbers refer to the numbered Polish proverb entries.

OTHER PROVERB TITLES AVAILABLE FROM HIPPOCRENE BOOKS . . .

DICTIONARY OF OF PROVERBS AND THEIR ORIGINS
250 pp • 5 x 8 • 0-7818-0591-0 • $14.95pb • (701)

INTERNATIONAL DICTIONARY OF PROVERBS
580pp • 5 ½ x 8 ½ • 0-7818-0531-7 • $29.50hc • (656)

COMPREHENSIVE BILINGUAL DICTIONARY OF FRENCH PROVERBS
400pp • 5 x 8 • 6,000 entries • 0-7818-0594-5 • $24.95pb • (700)

A TREASURY OF POLISH APHORISMS, A Bilingual Edition
140pp • 5 ½ x 8 ½ • 20 illus • 0-7818-0594-X • $12.95 • (647)

COMPREHENSIVE BILINGUAL DICTIONARY OF RUSSIAN PROVERBS
477pp • 5 ½ x 8 ½ • 5,335 entries, index • 0-7818-0424-8 • $35.00pb

1,000 PROVERBS SERIES

(128pp • 5 ½ X 8 ½ • $11.95pb)

FRENCH
0-7818-0400-0 • (146)

GERMAN
0-7818-0471-X • (540)

ITALIAN
0-7818-0458-2 • (370)

JEWISH
0-7818-0529-5 • (628)

RUSSIAN
0-7818-0564-3 • (694)

SPANISH
0-7818-0412-4 • (254)

All prices subject to change. TO PURCHASE HIPPOCRENE BOOKS contact your local bookstore, call (718) 454-2366, or write to: HIPPOCRENE BOOKS, 171 Madison Avenue, New York, NY 10016. Please enclose check or money order, adding $5.00 shipping (UPS) for the first book and $.50 for each additional book.